并购/私募股权投资尽职调查指引
从投资假设到交割：估值与条款验证框架

黄坚龙　著

华侨出版社

Overseas Chinese Press

Title of Book: Guide to M&A/PE Investment Due Diligence – From Investment Thesis to Close: A Verification Framework for Valuation and Terms | 并购/私募股权投资尽职调查指引——从投资假设到交割：估值与条款验证框架
Author: Huang Jianlong | 黄坚龙
ISBN: 979-8-89468-661-5
List Price: US $45.00
Copyright © 2025 by Huang Jianlong.
Publisher: Overseas Chinese Press Inc | Imprint: Overseas Chinese Press
Detailed Subjects: Economics; Publication Date: December 2025.

并购/私募股权投资尽职调查指引——从投资假设到交割：估值与条款验证框架

作　　者：黄坚龙
责任编辑：田绪清
封面设计：周子晴

出版发行：华侨出版社（Overseas Chinese Press）
地　　址：纽约州 奥尔巴尼市 州街 90 号
网　　址：https://www.oc-press.com
邮　　箱：oc-press@foxmail.com

规　　格：787×1092 毫米，16 开，9.25 印张
字　　数：80 千字
版　　次：2025 年 12 月第 1 版
印　　次：2025 年 12 月第 1 次印刷
书　　号：ISBN 979-8-89468-661-5
定　　价：US $45.00

内容提要

本书聚焦并购与私募股权投资中的尽职调查作业，集中回答一个在实务中常被忽略的问题：**如何把尽调发现系统性地转译为估值调整、交易条款与投后整改**，而不是停留在"发现问题""堆材料"的层面。

围绕这一问题，作者提出**"交易优先、可验证、少而硬"**三条立场：尽调存在的唯一理由，是能够实实在在影响价格区间与交易条款；所有结论必须有可复现的证据链支撑，并在模型与协议中得到体现；有限资源应集中投向真正能改变估值和条款的少数关键议题，而非试图覆盖所有可能风险。基于此，作者结合国际通行做法与多起标志性交易的实战经验，构建了一套从投资假设到交割的估值与条款验证框架，可在不同市场、不同监管环境和不同币种结构下复用。

本书的核心工具是 **P-T-R 处置框架**：无论发现什么，最终都需落入 **Price**（价格）、**Terms**（条款）或 **Rectify**（整改）三种去向之一。配合**"48 小时规则"**和重要性×工作范围（Materiality & SoW）机制，团队必须在有限时间内说明每条"发现"对应的估值影响、条款安排与整改计划，否则应暂停深挖，回到重要性判断与资源配置。重要性采用**"影响度×发生概率×可对冲性"**的三维评分，仅将得分最高的约 20 - 30% 议题纳入正式工作范围，其余进入观察清单。

在流程设计上，作者提出**"三阶段闸口"**（Stage-Gate 1 - 3）：Gate 1 聚焦投资假设对齐、数据口径确认与初始工作范围；Gate 2 通过抽样核验与量化分析形成估值区间和条款建议；Gate 3 联合法务、财务等专业机构，将风险落实到 SPA 及价格机制，并同步输出投后 100 天行动计划。每一闸口均设定明确产出与退出标准，未达标时需回溯 SoW，或触发 Re-price / Re-term / Stop 等决策，从机制上防止"查而不决"和无效加班。

在结论生成上，本书系统引入**"证据三角"**（经营事实/合同事实/数据事实）、**"三句话法"**（事实—影响—处置）与评分矩阵，将零散发现整理为可辩护的结论，并借助 Bridge 快照与 Single Source of Truth（SSoT）台账，保证所有关键数字与定义在模型、报告和条款中的一致性，避免"并行口径"。在此基础上，作者进一步提出**"经营×合同×数据"**的三镜像核验方法和 One-Slide 决策页结构，使投资委员会能在"一页纸"上看到：投资假设与证据对照、Top 风险及其 P-T-R 处置、估值区间与价格机制、条款包、交割路径以及投后 100 天里程碑。

全书结构上，Part I 讨论尽调的使命、边界与操作系统；Part II 以商业/运营（CDD）、财务（FDD）、法律（LDD）三大模块及交易机制与交割整合为主线，给出大量条款工程案例、模板与条款库，展示如何将具体风险翻译为价格结构、陈述与保证、专项赔偿、Earnout、Escrow、交割条件与承诺等安排。附录则提供可直接使用的表单与条款示例，形成一套可随时调用的工具箱，帮助团队在不同市场环境和项目类型中落地。

因此，本书并非又一本"尽调清单汇编"，而是一套从投资假设出发、通过方法论、流程与工具紧密耦合的**尽职调查操作系统**：它将尽调重新定义为**"估值与条款的验证工程"**，使每一笔交易都能在统一的语言和结构下被分析、决策和复盘。

在跨市场与跨境投资情境中，本书的方法论尤其强调**"可移植性"**和**"可解释性"**：无论是人民币/美元基金、本地并购与重组，还是赴港/赴美上市前后的私有化、拆分与再上市，读者均可在本书框架下，以本地会计准则和监管要求替换参数，即可快速搭建适用于本国/本地区的尽调—估值—条款联动体系。对于全球性 PE、主权基金、跨国企业并购团队及家族办公室，本书提供了一套可以在总部与本地团队之间共享的**"工作语言"**和**决策结构**，有助于在跨时区、跨法域、跨文化的协同中压缩沟通成本，缩短投资委员会决策链条，提升跨境项目的可控性与可复盘性。

　　本书面向私募基金管理人的董事长/CEO、投资决策机构成员、管理合伙人、投资与风控负责人及一线并购/PE 项目团队，也为律师、财务顾问、会计师及其他专业服务机构提供一套可操作的"尽调—估值—条款联动"语言，同时为正在进入中国及其他新兴市场的国际投资机构，或从本土走向全球的并购团队，提供一套可复制、可本地化的跨市场项目操作范式。

作者简介

黄坚龙，工商管理硕士，资深投资并购与私募股权基金管理专家。曾任中国 Top10 并购基金管理公司深圳市远致富海投资管理有限公司副总经理兼风险控制委员会秘书长，并在证券公司、全国性担保机构等担任监事长、监事等职务，拥有近三十年银行、投行、私募股权与企业风险管理实务经验。

在私募股权与并购领域，曾领导管理规模超过人民币 220 亿元的基金群，统筹募投管退全流程，主导并全面参与多项标志性并购项目，其主导操盘的深圳麦捷微电子科技股份有限公司并购案获评 2019 年"中国十佳并购案例"；其所在团队连续多年入选"中国最佳并购基金 TOP10""中国最佳私募股权投资机构 TOP50""中国影响力 PE 投资机构 TOP50"等行业权威评选。

在制度建设与方法论方面，曾带领团队构建了基于 COSO 企业风险管理框架、覆盖募投管退全流程的投资风险管理体系，并提出"以价值创造为导向的风险管理"理念；主持编写《股权投资尽职调查指引》《私募股权投资合规手册》等操作规范，为多家机构提供系统性、可操作的风控与合规依据，成为业内重要参考。本书系作者多年实践经验与制度建设成果的系统总结与方法论提炼。

序一

　　三十年股权投资生涯，我最深刻的体悟是：行业越是洗牌，越考验机构的"硬功夫"——合规能不能守住底线，绝不踩雷？尽调能否穿透表象，识别真价值、防范实风险、算出准价格、促成好交易？黄坚龙先生的两部新作《私募股权基金合规手册》与《并购/私募股权投资尽职调查指引》，恰恰为这几大"硬功夫"提供了可直接落地的操作方案。作为行业多轮起伏的亲历者与幸存者，我深知从实战中淬炼的方法论弥足珍贵，故而推荐给每一位同行。

　　先谈合规。如今监管规则要求粗中有细、红线清晰，但许多机构仍困于"制度挂墙、执行走样"：要么把合规当成法务部的"独角戏"，要么面对核查才发现档案缺失、口径混乱。作者在《合规手册》里，直接戳破这个痛点——他提出"合规不是应付检查"，而是提升"组织能力"，更给出了一套"四可"标准——可执行、可审计、可追溯、可迭代，以及一幅九十日落地路线图："0-15日盘点止血、16-45日标准化对齐、46-90日系统化训练"。

　　这套方法的妙处在于"拿来就用"：管理人登记时，用书中的"股权穿透核查清单"梳理股东关系，避免代持隐患；募集环节，对照"适当性管理证据链模板"留存客户评估记录，杜绝后续纠纷；投后管理，靠"合规指标看板"实时追踪项目合规状态。它把抽象的监管规则，拆解成"谁来做、何时做、留什么凭证"的具体动作，让合规从"部门职责"变成全员共识。对承压于强监管的机构而言，这绝非理论汇编，而是能快速补短板的"合规施工图"——对照书中的"一致性矩阵"，快速摸清自家募投管退的合规漏洞。

　　再看尽调。不少团队的尽调报告厚重如砖，却回避了核心问题：

"风险折合多少钱、该用什么条款锁定"，沦为材料堆砌的无用书屋。《尽调指引》最核心的突破，就是用"P-T-R框架"（Price-价格、Terms-条款、Rectify-整改）终结了这种无效堆砌：发现客户集中风险，就用"收入折扣调估值+Earn-out条款绑续约+100天客户保全计划"闭环处置；查到库存减值，就通过"毛利率下修+完成账户机制+月度跌价模型"消化风险。

书中的"三阶段闸口"更是节奏把控的利器：第一闸口对齐投资逻辑，避免查偏方向；第二闸口抽样验证数据，快速锁定估值区间；第三闸口深挖细节疏漏，确保风控条款写进SPA协议。搭配"证据三角"（经营、合同、数据互证）和"One-Slide决策页"，投决层无需翻阅厚重报告，一页纸就能看清核心风险、估值逻辑和条款设计。我见过不少跨境项目，就是靠这套框架统一了人民币与美元基金的尽调语言，大幅提升了沟通效率。

这两本书最打动我的，是"实战基因"——不是书房里的推演，而是作者主导220亿基金管理、操盘十佳并购案例的经验沉淀。比如《合规手册》里"基金清算档案清单"，是踩过档案缺失坑后的总结；《尽调指引》中"锁箱机制泄漏防控条款（"Locked-Box Leakage"）"，是多起跨境交易的实战提炼。这种"吃过亏、解过题"的内容，远比空泛理论更有价值。

对不同读者，这两本书的价值格外明确：对管理人决策层，是搭建风险防控体系的"顶层设计图"；对投研与合规团队，是省时间、少踩雷的"作业工具包"——用P-T-R框架快速可以完成风险处置方案，用合规清单短期就能补齐档案短板；对国际资本与专业机构，则是理解中国市场的"翻译手册"，快速对接本土监管与交易逻辑。

行业在变，但"合规立身、专业致胜"的逻辑不变。黄坚龙先生的这两本书，与其说是著作，不如说是给行业的"基础设施"——它提供的不是一次性答案，而是可复用、可迭代的思维框架。期待更多机构把书中方法融入日常：合规岗位用它做流程升级，投资团队用它做尽调提效，最终让"用数据说话、用条款护航"成为行业常态。

希望每位读者都能从这俩部实战之书中获益，在股权投资的道路上走得更稳、更远。

厉伟

松禾资本创始人

序二

二十多年前，我从高校讲台走进创投行业，从深创投到创立东方富海，一路见证了中国股权投资从"几个人懂"走到"人人谈股权、谈科创"。这些年我越来越清楚：一个机构能走多远，不只看募了多少资金、做了多少项目，更看有没有一套扎实、可复制的"方法论"和"操作系统"。

黄坚龙是我非常信任的一位老同事。他从商业银行、财务顾问、律所，到大型投资控股集团，长期在资本市场一线磨练；到深圳市远致富海投资管理有限公司之后，他在机构中的作用更加突出：作为副总经理兼风险控制委员会秘书长，他和团队管理着逾220亿元人民币的基金规模，主导操盘或全面参与了多起具有行业代表性的并购与股权投资项目，其中包括被评为2019年"中国十佳并购案例"的深圳麦捷微电子科技股份有限公司并购项目；同时，他统筹"募投管退"全流程，既在项目前线同业务团队一起盯估值、谈条款、设计结构，又牵头规划并推进股权投资风险管理体系建设，把分散在各条线的制度、流程和工具整合起来，搭成一套可执行、可落地、可复制的整体框架，在远致富海内部形成了实实在在的组织能力。这种既能操盘项目、又能塑造机构底层"操作系统"的能力，在行业内并不多见。

今天摆在各位读者面前的这两本书，就是他在远致富海及此前平台多年实践与制度建设的系统总结和方法论提炼。

第一本《私募股权基金合规手册：把合规变成组织能力的路径——全流程与证据链实践（2025版）》，着力解决的，是如何把抽象的监管要求，转化为管理人内部可运行的"合规操作系统"。全书紧扣"募投管退"主线，把治理架构、制度流程、证据链与信息系统贯通起来，通过统一口径、完整留痕和版本追溯，支撑日常运作，并设计了"九十日提升路线"等路径，帮助中小型管理人用有限的人手和时间，分阶段搭起基本的合规框架，让合规从报材料的被动要求，变成机构可持续发展的基础设施。

第二本《并购/私募股权投资尽职调查指引——从投资假设到交割：估值与条款验证框架》，则把他主导操盘并购项目的实战经验，浓缩为一套围绕"价格与条款"的尽调方法。全书从投资假设出发，把尽调发现直接对应到估值调整、条款设计和交割后整改，强调在有限的尽调时间里抓住真正影响交易成败的关键点，并通过"证据三角""Bridge 快照""一页式决策页"等工具，把模型、报告、条款和投后行动连成一体，让尽调不再停留在厚厚的报告，而是直接服务投资决策和谈判。

在我看来，这两本书的意义，不在于书架上又多了两本讲 PE 的书，而在于把原本散落在项目一线、制度文件和团队口耳相传中的经验，提炼成可以在行业内共享、对标和迭代的方法论：对管理人的董事长、CEO 和合伙人，它们提供了把合规和尽调视为"组织能力"和"生产工具"的视角；对合规风控、法务、投后、运营和信息系统团队，它们给出了一套可落地的思路与工具；对 LP 及各类中介服务机构，则是一面便于与管理人用同一种语言沟通的"镜子"。

东方富海从三个人的小团队起步，到今天管理数十支基金、服务几百家科技创新企业，我始终相信尊重信息、尊重程序、尊重投资者，是创投行业最重要的底层价值观。而坚龙多年来搭建风险管理体系、操盘复杂并购项目并写就这两本书，正是沿着这一价值观在努力，让中国股权投资行业走得更稳、更远，也更值得信任。

在此，我乐意把这两本书郑重推荐给所有关心中国私募股权投资、并购与合规实践的读者。

陈玮

深圳市东方富海投资管理股份有限公司 董事长

深圳市创业投资同业公会 会长

序三

从金融学的视角看，现代金融体系要回答的核心问题始终没有变化：如何在不确定性之中，形成可解释、可验证、可复制的风险—收益结构。

在公开市场，这套结构体现在定价模型、信息披露与市场微观结构之中；在私募股权与并购投资领域，它则更多地体现在合规架构、治理安排、尽职调查和交易条款的组合方式上。

带着这样的思考，我阅读了黄坚龙的两部著作——《私募股权基金合规手册：把合规变成组织能力的路径（2025 版）》（下称"合规手册"）与《并购/股权投资尽职调查指引——从投资假设到交割：估值与条款验证框架》（下称"尽调指引"）。

从一名长期从事金融学研究的学者角度看，这两本书有三个特点值得特别指出。

第一，它们把"合规"与"尽调"纳入了一个清晰的分析框架，而不是零散的经验。

在《合规手册》中，作者提出"可执行、可审计、可追溯、可迭代"四个标准，将管理人治理、流程设计、数据与证据链、系统工具等要素整合起来，构建出一套可以评估、可以优化的合规结构。这种做法，实际上是将传统上被视为"成本中心"的合规活动，转化为可以分析和比较的组织能力变量，这在国内私募股权实务著作中并不多见。

在《尽调指引》中，他用 P-T-R（Price - Terms - Rectify）框架，将尽调的任务从"发现多少问题"转变为"如何处置不确定性"：每一项具有重要性的发现，都必须被清晰地安放在三种去向之

———要么进入估值假设与价格结构（Price），要么通过具体条款加以反映（Terms），要么落实为可执行的整改安排（Rectify）。在此基础上，通过对"重要性 × 工作范围"的控制，以及对经营事实、合同事实和数据事实的"证据三角"与单一真数源的管理，原本分散的海量信息被压缩为少数几个可以支撑决策的关键节点。这样的处理，使尽调不再仅仅是信息收集和罗列，而更接近金融学意义上"在有限信息约束下进行最优决策"的过程。

第二，它们为研究和观察中国私募股权与并购实践，提供了一套可操作的"中观层面"工具。

传统的学术研究往往在宏观制度与微观个案之间摇摆：宏观层面强调法律制度、监管框架和市场结构，微观层面则关注单个项目或个别机构的案例。这两本书试图在两者之间搭建一个中观层次——以合规体系、证据链设计、尽调—估值—条款联动等为分析单元，展示一个机构如何在既有制度约束下，通过内部机制设计来管理信息与风险。

对于希望理解中国私募股权与并购市场"运作逻辑"的研究者和观察者而言，这种中观视角尤为重要：它既不同于抽象的制度描述，也超越了个案故事，提供了可以比较、可以推广的方法论框架。

第三，它们有意识地在中国实践与国际标准之间搭建"可解释"的桥梁。

在《合规手册》中，以中国监管要求和本土实践为基础，把管理人治理、内部机制与证据链组织成一套结构清晰、逻辑自洽的合规框架，使境外投资者和合作方更容易"看懂"一家中国机构的内在运作方式；另一方面，在《尽调指引》中，通过系统展示尽调发现如何进入估值假设、条款安排与整改路径，为不同法域、不同市场惯例下的各方提供了一种可以共享的工作语言。从这个意义上说，这两本书不仅在整理中国实践，也在为中国与国际资本之间搭建一座可沟通、可解释的方法论桥梁，便于国际投资者、合作者和研究者理解中国市场中的风险认知和交易逻辑。

谨此推荐。

邓军

对外经济贸易大学中国金融学院

教授、博士生导师、副院长

序四

我从业二十余年，经办各类资本市场投融资项目林林总总千余件，大部分工作时间都在以下两类场景中度过：重大并购重组、IPO、股权投资及合规项目的尽调路上和谈判桌前，各类资本市场争议解决的庭审辩论现场。无论是办理"宝万之争"、深圳地铁收购万科这类广受关注的控制权博弈项目，还是代理西安天隆诉科华股份125亿元公司并购纠纷这一当时最大标的仲裁案件，我的一个心得体会是：任何一笔交易，最终都会回到两个核心问题——风险如何被识别、定价与分配；权利义务如何被清晰、可执行地固化在条款里。因此，当我看到黄坚龙这两本书稿——《私募股权基金合规手册：把合规变成组织能力的路径——全流程与证据链实践（2025版）》与《并购/私募股权投资尽职调查指引：从投资假设到交割——估值与条款验证框架》时，我很自然地会从一个专业并购律师的视角去思考：这些方法是否经得起复杂交易结构和极端情形的检验？是否有助于我们在董事会、投资决策委员会和监管机构面前，把"风险—价格—条款"的逻辑讲清楚？

黄坚龙既不是传统意义上的"纯律师"，也不是只从财务模型出发的"纯投资人"。他长期在大型投资控股集团和市场化私募股权基金担任核心管理者，统筹募投管退全流程的管理，同时亲自带队做法律和财务尽职调查，并在此基础上沉淀出一整套可复制的制度与工具。可以说，他做的是一种"前置的争议管理"——在交易达成之前、在纠纷发生之前，通过结构设计、条款安排和证据链管理，把未来绝大部分可以预见的风险，尽量消化在今天的合规和尽调工作中。

在《私募股权基金合规手册》中，黄坚龙将合规的输出界定为"四个可"：可执行、可审计、可追溯、可迭代，并围绕这"四个可"，设计了统一口径、一致性矩阵和证据链的整体思路。与其说这是一本"合规法规汇编"，不如说是一套把合规变成组织能力的操作框架：先在管理人层面搭建股权结构、治理架构、信息报送、档案管理、系统与外包等基础，再沿着基金全生命周期，从募集、投资、投后到退出与清算，拆解出一张张具体的作业清单、模板和放行标准，辅以指标看板和纠偏机制，使合规真正从"应付检查"变成渗透在组织日常行为中的工作习惯和团队共识。

在我参与和见证的许多项目中，不少争议都可以追溯到两个源头：一是前端信息披露和合规留痕不足，为事后责任认定留下灰色地带；二是内部决策流程和权限边界不清，使得关键节点缺乏"可审计的证据"。从这个角度看，这本《合规手册》并不仅仅是管理人合规部门的工具书，也为外部律师、会计师、评级机构和监管部门，提供了一套可以与机构内部"对表"的结构化语境，有助于各方在同一套坐标系下讨论风险与责任。

与之相呼应，《并购/私募股权投资尽职调查指引》则把尽调重新定义为"估值与条款的验证工程"。黄坚龙提出的 P–T–R 框架（Price–Terms–Rectify），本质上是一个并购律师和财务顾问都非常关心、但在实践中常常被忽略的问题摆到台前：每一条尽调发现，最终要么影响价格区间，要么落实为具体条款，要么形成明确可跟踪的整改安排，否则就没有真正完成"闭环"。书中通过"重要性与工作范围（Materiality & SoW）"机制，把尽调资源集中在最有可能改变估值和条款的议题上，用"证据三角"（经营事实、合同事实、数据事实）来校验关键结论，并通过 Bridge 快照和 SSoT 台账把分散在各个工作流的发现进行结构化汇总，使投资决策、谈判策略与投后100 天的行动计划能够在一条逻辑链上贯通起来。

作为长期服务于境内外上市、并购重组、公司债券发行以及各类复杂交易的律师，我特别关注一点：这套框架能否经受住监管问询和争议解决的双重压力。近年来，无论是证监会、交易所对于重大资产重组、再融资的监管问询，还是仲裁与诉讼中对信息披露、尽职调查、董事职责的审查，都在不断提高对于"决策依据"和"证据链完整性"的要求。黄坚龙在书中对"一致性矩阵""可追溯的版本管理""以价值创造为导向的风险管理"等设计，正是回应这种环境变化的尝试。它的意义在于：当市场环境下行、项目表现不及预期，甚至发生争议时，机构能够有一套自洽、可证明的叙事——说明当时的定价与条款是基于怎样的事实基础和审慎判断作出的。

我尤其欣赏这两本书的一个共同特点：它们不局限于某一个专业角色的视角，而是有意识地把投资人、律师、会计师、监管者与被投企业之间的"话语鸿沟"拉到一张图上来处理。在真实的项目中，我们常常看到：投资条款清单、法律意见书、财务模型、业务尽调报告彼此割裂，甚至互相"说不通"。黄坚龙 提出的这些框架，试图把这些看似分散的文件和工作流，统一到"风险如何被识别、定价和分担"这条主线之上。对于需要在复杂交易中协同作战的团队来说，这样一种跨专业的工作语境非常重要。

从职业背景上看，我与黄坚龙 的路径有相似之处：我们都有法律背景，又在金融、投融资领域长期工作，一直在尝试把法律思维与商业判断结合起来。不同的是，他更多站在管理人和投资机构的内部视角，关注如何在组织内部搭建制度与流程；而我长期从外部律师的角度出发，关注如何在监管要求与交易双方博弈之间找到平衡点。正因为此，当我读到他在书中对合规与尽调的系统梳理时，会感到一种"互相印证"的亲切：很多在并购交易中我们习以为常、却难以抽象成方法论的做法，在这里被整理成了可以被其他机构借鉴的工具和范式。

我相信，这两本书对于以下几类读者，都会有实际帮助：

- **私募股权基金和产业投资平台的管理层与合规负责人**——可以从中找到一套将监管要求、出资人期望与内部治理结合起来的合规与风险管理框架；

- **并购、股权投资项目的一线投资经理、法务和财务团队**——可以借助书中提供的表单、清单与证据链设计，把日常工作升级为统一、可复盘的操作体系，避免重要问题在流程中"掉线"；

- **参与交易的外部专业机构与监管部门**——可以借此更好理解管理人内部的合规与尽调机制，从而在沟通和协作中拥有一套共同参照系；

- **正在成长中的青年律师和研究者**——可以在大量具体的实务经验基础上，看到合规与尽调如何与估值、条款和争议解决实务相连接，从而更全面地理解交易法务的价值。

并购与资本市场业务，是对法律技术、商业判断和职业操守要求都极高的领域。我们每一位参与者，都只是这个市场长远发展进程中的一小部分。黄坚龙用这两本书，把他在机构内部多年摸索出的体系整理出来，我愿意把它视作行业"基础设施建设"的一块拼图——它不会解决所有问题，但会让更多团队少走一些弯路，在面对监管、市场波动和复杂交易结构时，多几分从容和底气。

谨以此序，推荐给所有在一线奋斗的投资人、律师、合规与风险管理同仁。

苏启云

北京市德恒（深圳）律师事务所 高级合伙人

序五

从事律师工作三十余年，我长期专注跨境及境内并购重组、重大投资项目和涉外争议解决。无论交易结构多么复杂，归根结底都离不开两件事：信息能否被充分、真实地识别和呈现，风险能否被恰当地反映在价格、条款和后续安排之中。

我与黄坚龙的深入合作始于"香港汇进"收购项目。我作为买方法律顾问，他是交易结构设计和整体决策的核心人物之一。项目中既要对接内地的监管要求、资金流动安排和投资决策流程，又要理解香港本地监管框架下的牌照制度、信息披露规则和股东权利保护机制。在合作的过程中，我注意到，他对"合规"和"尽职调查"的要求，并不满足于完成程序，而是始终追问：这些结论是否真正进入价格和条款，将来在监管问询或争议解决中能否经得起检验。

《私募股权基金合规手册：把合规变成组织能力的路径——全流程与证据链实践（2025版）》聚焦管理人的"内功建设"。黄坚龙以"四个可"（可执行、可审计、可追溯、可迭代）为目标，从股权与治理结构、信息与档案管理、统一口径与一致性矩阵、证据链与版本管理等方面，搭建起一套可落地、可检查的合规工作底盘。对在强监管环境下运作的私募股权和产业投资平台来说，这本书提供的，不仅是合规清单，更是一套让合规真正融入日常决策的运作方案。

与之相配套的《并购/私募股权投资尽职调查指引：从投资假设到交割——估值与条款验证框架》，则把尽调重新界定为"验证估值与条款的过程"。通过 P-T-R 框架（Price-Terms-Rectify）、"重要性与工作范围"（Materiality & SoW）、"证据三角"（经营事实、合同事实、数据事实）、Bridge 快照和 SSoT 台账等工具，黄坚龙强调每一条重要发现都应落实到价格区间调整、交易文件条款或可跟踪的整改安排上，避免"报告很厚，但与估值和合同脱节"的情况。这种设计，对于律师、财务顾问以及监管机构而言，都是非常有实践价值的工作方法。

在我看来，一个能够长期参与复杂跨境并购和重大项目的管理人，必须既有对风险的敬畏，也能把这种敬畏落实为清晰的流程和文档体系。黄坚龙在这两本书中所做的，正是尝试把他在机构内部多年积累的合规与尽调经验，提炼为可以被其他团队学习和采用的结构化工具。

谨以此序，推荐给所有致力于在不确定环境中，以专业和制度为基础推进交易的投资人与法律人。

葛向阳

天达共和律师事务所 合伙人

前言

尽职调查不是找错，也不是堆材料；它的本质，是把不确定性安放进**估值与条款**。作为投资人，我们真正关心的并非"发现了多少问题"，而是：这些发现如何改变价格区间、如何落到 SPA（股权购买协议），以及交割后 100 天怎样闭环整改。本书据此提出一条**从投资假设到交割**的作业链，让尽调回到它唯一的理由——**能动价格与条款**。

阅读引导：关于作业链的抓手与步骤，请见《导论 | 从投资假设到交割的作业链》。

我们的观点

- **交易优先**：先问"对价格与条款的影响是什么"，再决定"查什么、查多深"。

- **可验证**：所有结论均需证据链支撑，能在模型与协议中复现并落条款。

- **少而硬**：把时间投向能改变估值与条款的少数事项，而非面面俱到的百科式罗列。

这本书解决什么 / 不解决什么

- **我们解决**：如何把尽调发现转译为估值调整、保护性条款与投后整改；如何在时间与信息不完美的条件下，做出可辩护的投资决策。

- **我们不做**：行业百科、法规逐条注释或模板堆砌；凡不进入价格与条款的内容，尽量不占你的时间。

估值更注重现金流与条款结构，尽调必须从"发现问题"升级为"**定价不确定性**"。本书希望帮助投资人用**更短的时间**，把**更关键的发现**写进**更有效的条款与模型**，让每一小时尽调时间都转化为可度量的决策价值，而不是"看起来很忙"的材料堆叠。

跨市场与跨境情境中的意义

本书意在研究并梳理国际通行的并购/私募股权投资尽职调查实

践，将原本分散在不同机构和项目中的操作经验，整合为一套面向投资委员会决策的"P-T-R 作业链"方法论。该框架从一开始就考虑了不同市场、不同监管环境和不同币种结构的差异，希望在中文语境下，系统提出一套具有"可移植性"和"可解释性"的操作系统：

无论是人民币/美元基金、本地并购与重组，还是赴港/赴美上市前后的私有化、拆分与再上市，读者都可以在本书框架下，以本地会计准则和监管要求替换参数，快速搭建适用于本国/本地区的"尽调—估值—条款联动"体系；

对于全球性 PE、主权基金、跨国企业并购团队及家族办公室，本书力图提供一套可以在总部与本地团队之间共享的"工作语言"和决策结构，帮助在跨时区、跨法域、跨文化的协同中，压缩沟通成本，缩短投资委员会决策链条，提升跨境项目的可控性与可复盘性。

读者对象

本书主要面向私募股权投资机构管理层与一线执行团队：董事长/ CEO、投资决策机构成员、管理合伙人、投资总监、风控总监及并购/ PE 项目负责人。同时，也希望为律师、财务顾问、会计师及其他专业服务机构提供一套更贴近投资人思维的"尽调—估值—条款联动"语言，便于在项目中与投资人、管理层站在同一张决策页面上对话。

愿这本书，能够成为您与团队在每一笔交易中共享的作业语言与决策框架：用更少的噪音，换取更清晰的价格、更干净的条款，以及交割后更确定的价值创造路径。

写作说明与致谢

在写作过程中，作者查阅和研究了大量公开的英文资料与交易案例。由于中英文表达方式及法律/会计语境存在差异，在中文语境下介绍国际通行的并购/私募股权尽职调查做法，尤其是在专业术语的翻译和概念对齐方面，颇具挑战。作者已尽力在"忠实原意"和"便于实务使用"之间寻找平衡，但由于水平所限，错漏在所难免，敬请读者批评指正。为了方便阅读与项目落地，本书在每章开头都列出本章常用专业术语的中英文对照表，供读者查阅与在团队内部共享。

2018 年，我曾带领团队编写《私募股权投资尽职调查指引》操作文件，推动公司和行业的标准化、规范化运作。该操作文件被业内多家机构参考引用，对推动行业实践起到了一定作用，也是本书写作的参考和灵感来源之一。在此，对当年与我一同摸索、打磨这一作业体系的同事与合作伙伴，致以诚挚的感谢。

黄坚龙

2025 年 09 月 28 日

目录

导论 从投资假设到交割的作业链

这篇导论的目的是：把前言中的三条立场——交易优先 / 可验证 / 少而硬——落到可执行的流程里。尽职调查不再是"发现问题"的堆叠，而是一条从投资假设 → 验证 → 定价与条款 → 交割后整改的作业链。你可以把任何一笔交易装进这套操作系统，做到少做无用功、快出可辩护结论、直接影响价格与条款。

0）去向先行：P-T-R 处置框架（Price / Terms / Rectify）

无论发现什么，最终都要落到三种处置之一：

- **Price（价格）**：调整估值假设、区间或机制（如锁箱/完成账户）。
- **Terms（条款）**：把风险写进 SPA（股权购买协议）（陈述保证、赔偿、保底/Earn-outs（对赌）、Escrow（托管）、WC/ND（营运资本/净债务） 定义等）。
- **Rectify（整改）**：用 CP（交割条件/先决条件）、投后 100 天计划或 KPI 里程碑消化风险。

48 小时规则：任何"发现/问题"，若 48 小时内说不清对应的 P-T-R 处置，就暂停深挖，先回到重要性与 SoW（工作范围）。

示例映射（简表）：

发现	估值/模型	条款机制	整改
客户集中度高	收入折扣、贴现率上调	Earn-out 绑定续约；信息权	100 天内完成 Top5 客户绑定计划
库存减值风险	毛利率下修、一次性调整	完成账户+专项赔偿	建立滚动跌价模型与盘点频次
应收回款波动	现金流时点/坏账率上调	WC 目标与定义、收款承诺	DSO（应收账款周转天数）降幅里程碑绑定管理层激励

1）Materiality & SoW：把时间投向"能动价格与条款"的少数事

Materiality（重要性）不是法律门槛，而是投资决策的资源配置

标尺。可以用 3 维评分量化为议题排优先级：

- **影响度（I）**：对估值/现金流/条款的量化影响（1-5）。

- **发生概率（P）**：1-5。

- **可对冲性（H）**：通过条款/整改可否有效对冲（1-5，越难对冲分越高）。

优先级分数 = I × P × H。

只把分数 Top 20-30% 的议题写进 SoW（工作范围），其他进入"观察清单"。

SoW（工作范围） 编制要领

- 以投资假设为锚：逐条列出拟验证的**关键假设**（增长、毛利、留存、产能、监管、团队等）。

- 为每条假设配置**证据来源 / 测试方法 / 责任人 / 时间点与闸口（Gate）退出标准**。

- 明确 **Stop-Doing List(停止清单)**：明示不查的内容与理由，避免范围蔓延。

2）三阶段闸口（Stage-Gate 1-3）：节奏、深度与"止损"机制

"三阶段闸口"把整个尽职调查过程分为三个闸口：每个闸口都是"**质量 + 决策**"检查点，只有达到退出标准，团队才进入下一闸；否则回溯，或执行 Re-price / Re-term / Stop（改价/改条款/杀停）。Gate1 定假设与口径；Gate2 用证据给出**估值区间 + 条款**；Gate3 把风险写进 **SPA 与价格机制**——不过闸就不前进。

Gate 1：假设对齐 & 台账建立（1-2 周）

- 产出：关键假设清单、问询提纲、数据室清单 V1、Bridge（桥表） 快照 V0。

- 退出标准：80% 的关键数据口径确认；能完成 **One-Slide**（一页纸)草案框架。

Gate 2：样本核验 & 快速量化（2-3 周）

- 产出：抽样测试（收入/成本/现金）、证据三角样本、评分矩阵 V1、P-T-R 初稿。
- 退出标准：形成估值影响区间与条款建议清单；否则回溯 SoW。

Gate 3：深挖与落条款（1-3 周）

- 产出：第三方深度核验（如法务/财务/技术）、SPA 条款建议、投后 100 天草案。
- 退出标准：可提交 IC Gate（投资委员会闸口）的 One-Slide 决策页与 Bridge 最终版。

纪律：Top 风险在任一 Gate 连续两周无 P-T-R 进展，触发 Re-price / Re-term / Stop 评审。

3）证据三角 × "三句话法" × 评分矩阵：把"发现"写成"可辩护"的结论

证据三角：

- **经营事实**（访谈、现场、流程/系统截图）；
- **合同事实**（协议、订单、发票、对账单、回款流水）；
- **数据事实**（账表、导数、日志、抽样重算）。

至少两角互证再下结论。

三句话法（每条发现必须落这三句）：

1. **事实：**看到了什么（可复现的证据）。
2. **影响：**对模型/价格/条款的量化影响。
3. **处置：**对应的 P-T-R 路径与责任人/时点。

评分矩阵：用前述 I×P×H 给每条"发现"打分，按高到低排序进入 IC（投资委员会）材料。

4）Bridge / SSoT：让口径"只说一种话"

- **Bridge 快照：**一张"从投资假设到当前证据"的对照快照。每过一闸更新一次，展示**哪些假设被确认、哪些被修正、哪些待证**，以及由此带来的**估值/条款变化**。

3

- **SSoT（Single Source of Truth）**：把所有核心数字与定义集中到**唯一台账**（可为一份受控表）。命名规范、版本号、变更记录、责任人清晰，杜绝"并行口径"。

实操建议：Bridge 的每个变动都必须连到"模型旋钮"（价格、销量、毛利、Capex（资本支出）、WC、ND 等）或"条款旋钮"（锁箱/完成账户、陈述与保证、赔偿、Cap/basket/De-minimis（上限/篮子/最低限度）、Earn-out、Escrow 等）。

5）三镜像核验：经营 × 合同 × 数据的互证

对同一指标做三面镜像交叉：

- **经营镜像**：流程与现场是否支撑该数字（如产能、客户投诉、发运）。
- **合同镜像**：权责与现金的条款映射是否一致（签约条款、交付验收、付款节点）。
- **数据镜像**：凭证与日志能否重算（抽样/穿行测试）、误差是否在容忍区间。

示例（制造业收入确认）

- 经营：出货在月末集中。
- 合同：验收在到货+7 天。
- 数据：发运日志与开票日期偏差 5‑10 天。

处置：完成账户 + 销项税/收入确认校正 + 对发运在途设置专项赔偿或留置。

6）IC Gate 和 One-Slide：在一页纸上做决策

One-Slide 必备模块

- 投资假设 vs 证据（Bridge 摘要）。
- Top 5 风险与 P-T-R 处置（量化到区间）。
- 估值区间与价格机制（锁箱/完成账户、WC/ND 定义）。
- 条款包（陈保/赔偿上限与期限、篮子/De-minimis、Escrow/Earn-out 结构）。
- 交割路径与时间轴（CP 清单、监管/股东批准、资金安排）。

- 投后 100 天关键里程碑（KPI、负责人、触发条件）。

IC Gate 决策选项：

- Proceed（按当前价格与条款进入签约）；
- Re-price（调整估值/机制）；
- Re-term（增强条款对冲）；
- De-scope（缩范围/延时）；
- Stop（条件不成立）。

7）条款工程：把风险写进 SPA 与机制

把"发现"转译到条款的常用工具与要点：

- **价格机制**：锁箱 vs 完成账户（搭配 WC/ND 定义）。
- **陈述与保证（R&W）**：配赔偿（Indemnity）的上限（Cap）、起赔（Basket）、单项门槛（De-minimis）、存续期。
- **专项条款**：环境、税务、合规等专项赔偿；知识产权清洁；竞业限制。
- **Earn-out / Holdback（保留）/ Escrow**：将关键不确定性绑定业绩与现金释放。
- **CP（交割条件）**：许可证/债务重组/关键客户续签到位。
- **Covenants（承诺）**：交割前业务行为限制；交割后信息权/治理权。

示例句式（非法律意见）

- "卖方就截至交割日的净债务超出 Peg（挂钩）的部分，按 1:1 调整对价。"
- "卖方对未披露的重大税务事项承担赔偿责任，Cap 为对价的 20%，存续 36 个月，篮子 1% 对价、单项 0.1%。"
- "若 LTM（过去十二个月）续约率 < 80%，Earn-out 分段扣减，Escrow 按等比例不予释放。"

8）交割后 100 天：把整改做成里程碑

三层目标

- **稳定盘面**（0-30 天）：现金、客户、关键人稳定；合规火点清零。
- **修复与对冲**（30-60 天）：把尽调发现落到 SOP（标准操作程序）/系统/合同模板。
- **增长与治理**（60-100 天）：建立经营节奏（周/月度），对齐预算与激励。

产出：

- 里程碑与 KPI（如 DSO、续约率、毛利、库存周转）。
- 与 Earn-out/Escrow/赔偿条款联动的释放条件。
- Risk Burn-down（风险燃尽图）按周更新到 IC。

9) 节奏与工序管理：少报表，多决策

- **周节奏**：每周仅一次"P-T-R 决策会"，其余信息在 SSoT 自助查询。
- **版本纪律**：所有 IC/谈判材料引用 Bridge 与 SSoT 的最新版本号。
- **止损规则**：当 Top 风险连续两周无 P-T-R 进展，强制触发 Re-price/Re-term/Stop 选项评审。

10) 交付清单（Checklist）

应交付

- ◇ SoW（含 Stop-Doing）
- ◇ Bridge（V0→Final）
- ◇ Data-room list & definition sheet（数据室清单与口径表）
- ◇ 证据三角样本与抽样报告
- ◇ 评分矩阵与优先级排序
- ◇ One-Slide（IC Gate 版）
- ◇ 估值模型旋钮说明（假设与变动幅度）

◇ 条款建议包（价格机制/陈述与保证/赔偿/Earn-out/Escrow/CP）

◇ 交割路径甘特图

◇ 投后 100 天计划与 KPI

◇ 决策日志（关键判断与依据）

◇ 风险燃尽图（至交割+100 天）

应避免

- 面面俱到的"百科式体检"。
- 不能量化影响的"问题陈述"。
- 与模型/条款不连通的独立附件。
- 多版本口径与反复对齐成本。

迷你案例（两则）

案例 1｜客户集中与估值/条款联动（B2B SaaS）

- 发现：Top2 占比 31%，其中一大客户 6 个月内到期。
- 影响：收入 CAGR(复合年增长率)下修 4pct，估值区间下调 10 - 12%。
- 处置：Terms 采用 Earn-out 绑定续约 ≥80%；Escrow 覆盖潜在流失损失；Rectify 设 100 天"高危客户保全"里程碑。

案例 2｜完成账户与库存减值（制造）

- 发现：成品库存覆盖天数 78 天，高于行业 45 天；抽样重算跌价准备不足。
- 影响：毛利率下修 2pct；营运资金占用上升。
- 处置：Price 采用完成账户；Terms 约定 WC Peg 与定义（含跌价准备口径）；Rectify 建立月度跌价模型与采购缩量机制，作为 Escrow 释放条件。

最后：把"抓手"变成"语言与习惯"

当团队共享同一套**去向（P-T-R）**、节奏（Gate）与交付（Bridge/One-Slide/SSoT）时，尽职调查会从"堆材料"变成"做决策"。从下一笔交易起，直接用本书的清单与模板开工；两到三次循环后，**这条从投资假设到交割的**作业链会成为你团队的默认语言。

Part I 原则与操作系统

第1章 为什么做尽职调查：使命、价值与边界

本章术语与缩写（中英对照）

术语	英文/缩写	定义与口径/公式	备注
重要性	Materiality	用金额/比例阈值确定查验深度与范围，常以 **相对 LTM EBITDA** 表达	第 2 章给出阈值带宽
工作范围	Statement of Work (SoW)	明确条线、样本、交付、时间线、依赖与变更控制	防"范围蔓延"
三去向	Price-Terms-Rectify (P-T-R)	发现只落一个主去向：**定价 / 条款 / 整改**	防"只发现不落地"
股权/股份购买协议	Share Purchase Agreement (SPA)	交易的主协议，承载价格、机制与核心条款	与 ClauseRef 镜像
先决条件	Conditions Precedent (CP)	成交前必须满足的条件与验收标准	与 Day-1 切换关联
桥表/镜像表	Bridge	把发现映射到 **模型/条款/100 天** 的"单一事实源"	与 SSoT 配套
单一事实源	Single Source of Truth (SSoT)	事实/证据/口径的唯一权威归集	先改 Bridge、后出报告
证据索引	EvidenceRef	每条发现的证据编号/VDR 路径/时间戳/Hash/取证人	可复演、可追溯
过去十二个月	Last Twelve Months (LTM)	最近 12 个月滚动口径（收入/EBITDA 等）	与季节性区分
息税折旧摊销前利润	EBITDA	经营性利润常用口径，用作重要性与估值基数	统一调整口径
关键绩效指标	Key Performance Indicator (KPI)	衡量经营与整改结果的可量化指标	与 Day-100 绑定
投资委员会	Investment Committee (IC)	重大事项与去向的最终决策机构	与 "IC Gate" 衔接
模型镜像	ModelCell	发现映射到模型单元格/参数	三镜像之一
条款镜像	ClauseRef	发现映射到 SPA/CP 等具体条款编号	三镜像之一
100 天计划	Day-100	交割后 100 天的整改与协同计划	三镜像之一

本章要点

- **尽调的使命**：不是"查错处"，而是**验证投资论点与现金流假设**，让**价格与条款**可以被**证据**支撑。

- **价值导向**：围绕企业**增长、利润、现金转换、资本开支、退出倍数**等价值驱动，建立**可验证的假设**。
- **边界意识**：为了把时间用在刀刃上，需要 Materiality & SoW（**重要性与工作范围**）的**原则**来约束（具体口径见第 2 章）。
- **结果要求**：每项发现须映射为**模型参数、SPA/CP 条款或 100 天计划任务**，形成**可追溯闭环**。

1.1 尽调的本质：把"值不值"查清楚

尽职调查的核心任务，是把**"为什么值这个价"**拆解成**可观察、可度量、可反驳**的假设，然后用证据验证或修正。

- **从叙事到假设**：把市场空间、商业模式、经营质量等叙事，改写为**量化假设**（例如：未来三年渗透率从 8% 提升到 14%，Top10 客户留存率≥90%）。
- **从发现到决策**：任何发现都要能在**估值模型**里改动数值，或在**交易条款**里落成安排，或进入**运营整改**的里程碑；否则就是噪音。

1.2 价值视角的四个支点

为避免"面面俱到"的忙乱，把尽调聚焦到四个支点，每个支点都强调**可检验性**：

1. **增长质量**：渗透、留存、获客成本与渠道效率的逻辑是否自洽。
2. **利润结构**：毛利率桥、费用弹性、一次性剔除后的经常性盈利是否稳固。
3. **现金能力**：营运资本占用、资本开支强度与现金转换率是否匹配增长速度。
4. **风险价格化**：可量化的历史或前瞻风险，是否能进入

模型或**定价机制**（如 WC/ND、锁箱泄漏）及其**敏感性分析**。

1.3 为什么需要"边界"：把时间用在能动价格/条款的事项上

再充足的预算也撑不起无边界的审计。国际通行做法强调两条**原则性边界**：

- Materiality（重要性）原则：只有**足以影响价格/条款/交割**的事项，才值得投入时间；其余**延后或不查**。（注：**重要性的数值带宽、三层闸口与评分矩阵**在第 2 章阐述。）
- SoW（工作范围）原则：把**模块、样本、交付、时间线、依赖与变更控制**列在纸面上，并列出**不查清单**，避免"蔓延"。

1.4 从价值到交易：不确定性如何"安放"

每一项重要不确定性都应有**一个主去向（Disposition）**。国际通行的"去向"只有三类：

- **可定价（Price）**：能量化的风险，进入模型或价格机制，必要时配套**专项赔偿/托管**。
- **可条款化（Terms）**：短期可修复或难以量化的风险，转化为 **R&W（陈述与保证）、CP（先决条件）、后续约定、Earn-out（业绩对赌）**等条款工具。
- **需整改（Rectify）**：进入 100 天计划的**运营改进措施**和**里程碑**。

注："选哪一类去向、深入到什么程度、触发什么条款"在**第 2 章**阐述。

1.5 成功判断依据：尽调做到什么才算"到位"

- **证据闭环**：关键结论可追溯到**合同/业务流/资金流**三角证据（如何取证见第 3 章）。
- **模型映射**：每个重要发现，能在**估值模型**中定位到特

11

定表格/参数，并说明对**现金流/折现**的影响路径。

- **条款镜像**：无法定价的风险，在 **SPA/CP** 中有镜像安排（R&W/专项赔偿/条件/保留款等）。

- **运营落地**：对 Day-1 与 **100 天**的 KPI、Owner、ETA 有清晰挂钩。

- **信息纪律**：所有结论都有**底稿编号与版本记录**（版本控制与节奏见第 3 章）。

1.6 常见误区

- **把尽调当"体检套餐"**：缺少价值假设与去向，报告越厚，噪音越多。

- **用力均衡**：没有重要性就没有策略，结果是把时间花在**不动价格/不改条款**的事项上。

- **只看财务**：与商业/IT/ESG 脱节，结论缺乏因果链。

- **发现没去向**：没有进入**价格/条款/整改**之一，意味着尽调没有完成任务。

第2章 从论点到去向：重要性、三层闸口与处置路径

本章术语与缩写（中英对照）

术语	英文/缩写	定义与口径/公式	备注
重要性阈值	Materiality Threshold	以绝对金额/相对 LTM EBITDA 设定查验深度的带宽	按交易规模分档
工作量闸口	Workload Gate	在给定投入下应查到的深度/样本要求	配评分矩阵
管理层闸口	Management Gate	需带条款/模型镜像进入管理层评审的门槛	升级路径
投委闸口	IC Gate	提交 IC 的触发阈值与条件	与红线并列
评分矩阵	Scoring Matrix	重要性×风险×可缓释性打分，用于排队与分级	不替代闸口
非货币红线	Redline	一旦触及即上会/终止的非金额性风险	牌照/实控/重大合规等
过去十二个月	LTM	最近 12 个月滚动口径	与年度/季度区分
息税折旧摊销前利润	EBITDA	估值与重要性常用基数	统一调整口径
营运资本	Working Capital (WC)	流动资产−流动负债（按约定口径）	目标值用于价款调节
净债务	Net Debt (ND)	带息负债−现金等价物（按约定口径）	与完成机制联动
锁箱泄漏	Locked-Box Leakage	基准日后至交割前卖方不当资金外流	LB 机制核心条款
完成账户	Completion Accounts	以交割日实际数定价的结算机制	与 WC/ND 挂钩
陈述与保证	Reps&Warranties (R&W)	卖方对事实/状态的陈述与保证体系	口径/例外/存续期
专项赔偿	Specific Indemnity	针对已知特定事项的赔偿安排	Cap/存续期单列
先决条件	Conditions Precedent (CP)	成交前需满足的条件与验收标准	可附 Long-Stop
业绩对赌	Earn-out	对未来业绩设定的价款调整机制	与 NDR/EBITDA 等绑定
交割后约定	Post-closing Undertakings	交割后需完成的承诺与动作	常与整改配合
主去向选择	Disposition (P-T-R)	Price / Terms / Rectify 三选一主去向	先定主、再定辅

本章要点

- **聚焦什么**：围绕 3 - 5 条投资论点，拆出**关键假设**与**验证路径**，据此确定**模块优先级**。
- **深入到什么程度**：用**重要性（Materiality）** 与 三层闸口（Workload / Management / IC）界定深度；用**评分矩阵**对流程中的步骤进行排序。
- **去哪儿**：每条发现只选**一个主去向——可定价（Price）/ 可条款化（Terms）/ 需整改（Rectify）**，并配好**模型参数**或**条款工具**。

2.1 聚焦什么：从论点到优先级

做法：

　　1. 从投资论点开始；写出**可验证的关键假设**，并附上明确的 KPI 和定义。

　　2. 为每条假设设计**主验证路径 + 交叉验证路径**（例如 Finance↔CDD，Legal↔Licensing，IT↔Privacy）;

　　3. 依据重要性（Materiality） 与评分矩阵，确定**模块优先级——**首先解决影响价值且可被证明，以及可落实在模型/条款中的部分。

示意表（简化版）

论点	关键假设（可验证）	验证路径（主+交叉）	模块优先级
核心产品 CAGR 25%（3 年）	渗透 8%→14%；Top10 留存率 ≥90%	CDD：客户分群/复购；Finance：收入留存曲线	高
毛利 +5pp	原材 -2pp；良率 +3pp	Finance：毛利桥；运营（Ops）：工单/良率/折让	中
现金转换 ≥80%	90 天收现 ≥85%	Finance：应收账款账龄及回款；Legal:：价格/回款条款	高

14

2.2 深入到什么程度：重要性与三层闸口

2.2.1 货币阈值（建议带宽，按交易规模调整）

- 常用锚点：LTM 经常性 EBITDA 的 1 - 2%。
- 三层闸口（示例）：
    - Workload gate（工作量闸口）（样本/问答/报告）：≥ 0.5% EBITDA；
    - Management gate）（（管理层审核闸口每周报告、管理层讨论）：≥ 1.0% EBITDA；
    - IC gate（投资委员会闸口）（投资委员会决策）：≥ 1.5 - 2.0% EBITDA。
- 动态锚点：在波动性较大的行业中，可并行采用**收入或毛利润**作为辅助锚点，然后选择两者中波动性更小的那个。

2.2.2 非货币红线（直接标记红色/提交投资委员会）

- **核心牌照或经营资质缺失且不可补救**；
- **产权/控制权链**存在不可修复缺口；
- 有关于**重大违法/制裁/反贿**的明确处罚。
- 存在**业务连续性风险**：短期内关键 IT 没有可靠的灾难恢复/备份。
- **诚信问题**：重大数据/报表失真或系统性冲销迹象。

2.2.3 评分矩阵（Impact(影响) × Likelihood(可能性) × Mitigability(可缓释性)）——评分标准与优先级分级

2.2.3.1 评分维度定义（1 - 5 分制）

Impact（影响）——以"对价格/条款/交割的潜在影响"为准；货币项以 LTM 经常性 EBITDA 为锚。

- **1 分（可忽略）**：< 0.2% EBITDA；或定性的，对条款/交割无实质影响。
- **2 分（较低）**：0.2 - 0.5% EBITDA；或较小的定性影响，可通过常规管理吸收。

- 3 分（中等）：0.5 - 1.0% EBITDA；通常需要在条款与模型中**同时反映**。

- 4 分（较高）：1.0 - 2.0% EBITDA；将显著改变价格谈判区间/关键条款。

- 5 分（重大/临界）：>2.0% EBITDA；或触及交易结构/交割确定性（但未触发红线）。

Likelihood（可能性）——基于历史证据、外部佐证与内控成熟度的发生概率判断。

- 1 分（罕见）：< 5%；需多个前提同时成立。

- 2 分（不太可能）：5 - 20%；偶发但缺乏系统性迹象。

- 3 分（可能）：20 - 50%；有迹象或样本支持。

- 4 分（较可能）：50 - 80%；历史上多次出现或控制薄弱。

- 5 分（几乎确定）：> 80%；已在持续发生或证据充分。

Mitigability(可缓释性)——可缓释难度（数值越高表示难度越大；需考虑时间、成本和复杂程度）。

- 1 分（容易）：≤ 30 天、低成本、标准条款即可解决；对业务影响极小。

- 2 分（较易）：≤ 90 天、中低成本；可通过常规 CP/后续约定解决。

- 3 分（一般）：需专项资源/一定成本；可能要求专项赔偿常（Specific Indemnity）或较强的 R&W。

- 4 分（较难）：需**结构性条款**（业绩对赌/保留/托管等）或 6 - 12 个月整改周期。

- 5 分（困难/不可缓释）：短期难以修复；可能需要**剥离/重新设计结构**（接近非货币红线）。

2.2.3.2 优先级计算与分级（用于排队与调度）

- **基础分**：Base = Impact × Likelihood（范围 1 - 25）。
- **可缓释调整**：Adj = Base + 2 × (Mitigability − 3)

（Mitigability ≥4 提升 2 - 4 分；≤2 降 2 - 4 分；3 不调整）。

- **优先级分级（用于排队，不替代闸口/红线判定）：**
  - **Critical / Red（≥18 分）**：立即提交 IC 或纳入条款谈判主议程；若触发**非货币红线**或货币影响 ≥ IC gate，**直接按触及红线**处理（优先级规则让位于闸口规则）。
  - **High（12 - 17 分）**：本周必处置；需要带着**条款/模型镜像**进入 Management gate。
  - **Medium（8 - 11 分）**：在 Workload gate 内完成证据与样本；滚动跟踪。
  - **Low（≤7 分）**：延后或纳入"不查清单"；仅做轻触式扫描。

规则统一：对同一主题，**先按货币/红线闸口判定层级**，再用**评分矩阵**进行**队列排序**；二者不冲突。

示例矩阵（片段）

类别	影响	可能性	可缓释性	计算分（Adj）	优先级
法务-关键合同缺口	5	3	2	5×3+2×(2−3)=13	High
财务-转让定价风险	3	3	2	3×3+2×(2−3)=7	Low
IT-高危漏洞/无 DR	4	2	4	4×2+2×(4−3)=10	Medium

2.3 去哪儿：处置路径与条款选型

三选一主去向：

- **Price（可定价）**：能量化现金影响 → **模型参数**（收

17

入/毛利/税/现金时点）、或者**定价机制**（WC（营运资本）/
ND（净债务）、Locked Box Leakage（锁箱泄漏）、Completion
Accounts（完成账户））。

- **Terms（可条款化）**：短期可修复或难以量化 →R&W 陈
述与保证（一般/基础/重要性口径）、**Specific Indemnity**
（专项赔偿）、**conditions precedent**（先决条件）、
post-closing undertakings（后续约定）、**Earn-out**（业绩对
赌）。

- **Rectify（需整改）**：纳入 Day-1/100 天 计划
（30/60/90 里程碑）。

**镜像优先顺序：能定价先 Price/Model；难定价但能防守走
Terms；其余走 Rectify，但必须拆成可验收的 Day100
（Owner/ETA/KPI）。**

条款工具选型（速览）

风险类型	推荐工具	备注
已知且可计价的历史风险（税/环保/劳动等）	Specific Indemnity + Escrow/Holdback	通常不受起赔点/免赔额/上限约束
可在快速修复的运营/IT 缺口	CP 或 Post-closing Undertakings	可附第三方复测报告
收入不确定性/客户集中	Earn-out + 客户保护条款	与 100 天计划相关的 KPI
信息不对称较大、广覆盖风险	W&I 保险（与 R&W 配合）	与披露清单/重要性口径一致

注：具体条款文本与结构在**附录条款库**，本章只给**选型逻辑**。

2.4 文字决策树

1. 是否触发**非货币红线**？→标记红色 **Red** / **提交 IC**（必
要时终止或重新设计结构）。

2. 否 → **影响**能否用**现金量化**？ → **是：Price**（模型/机
制）；

3. 否 → 能在 **3 - 90 天** 可靠整改？ → **是：**

18

Terms/Rectify（CP/后续约定/里程碑）；

  4. 否 → 升级为标记红色 **Red** 或考虑**剥离处理**。

2.5 治理闸口：IC（授权决策机构）

  目的：把 1.2 的阈值信号与 1.4 的路径选择，转化为关于价格/条款/结构/终止的决定，并落实资源。

何时进入 IC

  1. 单项影响 ≥ IC gate（通常 1.5 - 2.0% LTM EBITDA）；

  2. 触发非货币红线；

  3. 复合暴露评为 High/Critical 且可缓释性低；

  4. 去向分歧无法在 working level（项目组层面）解决。

IC 决定三件事

  1. 去向：确认主去向（Price / Terms / Rectify / Terminate / Restructure）；

  2. 镜像：批准对应的模型参数/定价机制，和/或 SPA/CP 条款架构，或 100 天任务；

  3. 责任与时间：指定责任人，设里程碑/暂停节点/返回 IC 讨论日期，并视情况 重新分配资源。

2.6 常见错配 & 快速修正

  • **"材料多=尽调好"** →请检查是否通过重要性原则，将重要事项纳入模型/条款中。

  • **评分矩阵喧宾夺主** → 先看**货币阈值**，评分只做**细化排序**。

  • **三不落**（既不定价、也不条款、也不整改）→ 直接判定为**噪音**并剔除。

  • 把**"红线"**当**"可缓释"** → 触发红线一律直接提交**投资委员会**，不得以低概率为由延后。

第 3 章 证据标准与取证方法

本章术语与缩写（中英对照）

术语	英文/缩写	定义与口径/公式	备注
证据三角	Document-Process-Funds	**合同/文件＋业务流程＋资金流水**三边互证	缺一为"线索"
证据分级	A/B/C Evidence	A：第三方/原始记录；B：内部流程/系统原始导出；C：管理层口供	越前越"硬"
属性抽样	Attribute Sampling	对合规/条款要素的合格/不合格抽样	高风险点配 TopN 全检
分层抽样	Stratified Sampling	按金额/客户/品类分层抽样	保证覆盖代表性
货币单位抽样	Monetary-Unit Sampling (MUS)	按金额权重进行样本选择	金额覆盖优先
客户之声	Voice of Customer (VoC)	结构化客户访谈/调研的证据集合	与合同/账单交叉验证
数据室	Virtual Data Room (VDR)	文件与证据的在线容器	需留路径与版本
证据索引	EvidenceRef	证据的编号/路径/时间戳/Hash/取证人	可复演、可追溯
哈希校验	Hash	取证文件的完整性校验指纹	防篡改
最长期限	Long-Stop Date (Long-Stop)	交割的最晚日期与自动终止触发	常与 CP 联动
三句话法	Three-Sentence Rule	"事实→影响→去向（P-T-R）"的写作与决策格式	与 Bridge 对齐
投资委员会	Investment Committee (IC)	对高风险/红线/路径选择的最终裁决	与 IC Gate 对应
进度标色	Red/Yellow/Green (R/Y/G)	事项推进状态的三色标记	搭配 Aging 使用

本章要点

- **用什么当证据**：三类就够——**合同/文件、业务流程、资金流水**。三者能互相对上号，才算"真"。

- **抽多少、抽哪些**：按**重要性×风险**决定。先挑**会影响价格、条款、能否成交**的点；方法只用**属性/分层/MUS** 三种，简单好用。

- **怎么写成可用的结论**：每条发现用**三句话**落地——**事实**（证据）→ **影响**（怎么影响价格/条款/成交）→ **去向**（Price/Terms/Rectify 三选一）。

3.1 证据三角与合格线（看懂这节，就不会迷路）

为什么要"三角"：单一材料容易误判。用**合同/文件**（纸面）+**业务流**（实际做）+**资金流**（真金白银）三边互相印证，能避免"口说无凭"或"系统故障"的错误。

三种证据类型

- **合同/文件**：合同、发票/税票、审计报告、政府批文、系统原始导出文件等。
- **业务流程**：下单、交付/验收、售后/续费等过程证据（工单、出入库、里程碑截图）。
- **资金流水**：银行流水、对账单、收付款回单。

证据分级（越靠前越硬）

- **A级**：第三方或原始记录（银行回单、监管批文、审计报告）。
- **B级**：系统直接导出（带**时间戳**与**过滤条件**）。
- **C级**：管理文稿/手册（只能作线索，尽量用 A/B 级证据佐证）。

合格线（四条底线）

1. **能对上**：同一事项在三边的**对象/金额/时间/口径**一致。
2. **能追溯**：每条结论都能找到**底稿号、VDR 路径、导出时间、文件 Hash 值、取证人/日期**。
3. **能落地**：这条发现最终要能落到**模型参数/SPA·CP 条款/100 天任务**之一（真正影响交易）。

4. **合规**：对个人/敏感数据进行加密处理；引用第三方材料要注明**来源/授权**。

小例子｜"客户 A 九月应收款已回"要合格：有合同（条款）、交付单/验收单（业务流）、银行回单（资金流），三边金额与日期一致，并且能在 VDR 里找到对应文件。

3.2 样本怎么设计（别把海煮干）

目标：用最少的样本，抓住对**价格/条款/成交**有决定性影响的点。

三种方法就够

- **属性抽样**：查"有没有/合不合规"。适合合同条款、证照是否在有效期、审批等。

- **分层抽样**：按客户/产品/区域/渠道分层后，各抽一定比例。适合要"代表性"的场景。

- **MUS（Monetary Unit Sampling,货币单元抽样）**：金额越大越容易被抽到。适合收入、毛利、应收、应付等金额驱动的科目。

覆盖与样本量（实操口径）

- **低风险主题**：覆盖 ≥40%，样本 ≥30。

- **中风险主题**：覆盖 ≥60%，样本 ≥60。

- **高风险/价格敏感**：覆盖 ≥80%，样本 ≥100，或 TopN **全检**（覆盖金额≥80%）。

- **期末截止**：始终将发货、收货、开票和收款等业务数据分别进行汇总。

各模块的"最小可用口径"

- **财务**：收入覆盖≥60%，**Top 客户 100%** 合同+回款；毛利桥关键项≥70%；应收账款逾期>180 天**全检**；**应付账款 Top20 抽样调查**；**存货** A 类全检、B/C 类抽样调查。

- **商务（CDD）**：**客户细分+ 总收入留存（Gross Revenue Retention，GRR）/净收入留存（Net Revenue Retention，NRR）曲线**（Top 客户 100%）；验证订单到收款的四个环节（订单→交付→开票→收款）；导出 **MQL→SQL→Win** 漏斗；分析至少 20 笔成功/失败的交易案例（或至少 50%交易）；核对报价单、最终成交价格和折扣审批情况；按客户细分计算客户终身价值（LTV）/ 获客成本（CAC）以及投资回收期。

- **法务/税/IT/ESG**：Top 客户/供应商合同关键条款 **100% 复核**；重点税种 **3－5 年**抽检、处分/稽查**全样**；关键 IT 资产漏洞与高权限账户抽审，近 12 个月内灾备（DR）演练闭环；许可/环评/安监抽样与外部披露一致性。

记住：先抓**金额大/频率高/对成交关键**的点；能"动模型或动条款"的，优先。

3.3 取证作业怎么做（命名·留痕·VDR）

统一命名：[模块]-[子模块]-[类型]-[序号]-[版本]-[日期]
例：CDD-RET-A-001-v1-2025.09.18、FIN-WC-WP-012-v2-2025.09.20

截图必须包含（四要素）：过滤条件｜页码｜系统时间｜数据范围（合计/小计）。

VDR 留痕：从根目录写**全路径**；记录**导出时间、导出人、Hash**。第三方材料要备注**来源/授权**。

隐私处理：遵循**"最小够用"**，只保留比对所需字段（如 ID 后四位、金额区间）。

3.4 发现怎么写（三句话法则）

把"证据"变成"能用的结论"，用下面三句模板：

1. **事实**：客观描述 + 证据编号（不加形容词）。
2. **影响**：写清对**价格/条款/成交**的影响（货币项尽量给区间或阈值）。
3. **去向**：**Price / Terms / Rectify** 三选一，先定"主去向"。

示例 A｜客户集中

- **事实**：Top1 客户收入占比 **35%**，无长期协议；访谈（VoC-07/10）提示 12 个月内替换风险中等。证据：CDD-CON-A-003-v1、FIN-AR-EXH-021-v1。

- **影响**：收入波动区间（revenue variance band）需收窄；收入波动率参数或预测方案值需上调（区间 1-2 个百分点）。

- **去向**：**Terms**（客户保护条款+信息权+提前告知）。若 30 天无法落地，准备重构（**Restructure**）/**终止**（Terminate） 选项。

示例 B｜毛利异动

- **事实**：原材 A 近 **6 个月涨 12%**；良率自第二季度下降 **2 个百分点**（抽 1,204 份工单）。证据：FIN-COGS-EXH-014-v1、OPS-YIELD-A-006-v1。

- **影响**：毛利率区间下移 **1-2 百分点**；需模拟补贴到期的次级影响。

- **去向**：**Price**（调整毛利参数/敏感性区间）；并将"良率提升"写入 **100 天计划**。

示例 C｜合规/许可

- **事实**：核心牌照 B 于 **T+60** 到期，续证期 **≥90 天**，监管问答要求补件。证据：LGL-LIC-A-002-v1、REG-QA-EXH-

005-v1。

- 影响：成交确定性下降，需设置截止日期
（**Long-Stop**）与**先决条件CP**。

- 去向：**Terms**（CP + 披露）。若续证无把握 → 提交投
资委员会（**IC**）评估**重构（Restructure）/终止**
（**Terminate**）。

3.5 两张关键表，怎么做才算合格

这节不只是列字段，而是告诉你**怎么把表做对**。

3.5.1 抽样框架表（Sampling Framework）

抽样框架表是一份可复演的取证计划，把以下要素写清楚并形成
文档：

- **总体（Population）**：时间段、系统/口径、包含与排除；

- **抽样单元（Unit）**：发票行/订单行/合同/供应商/费用单等"最
小可核验对象"；

- **方法（Method）**：属性抽样、MUS/PPS（金额单元）、分层、发现
式、目标抽样；

- **覆盖与样本量（Coverage & n）**：金额覆盖或样本数；

- **选择规则（Selection Rule）**：随机/系统间隔/MUS 区间、随机
种子、替补规则；

- **证据与通过标准（Evidence & DoD）**：截图"四要素"、原始单
据、系统日志；

- **责任与时限（Owner/ETA）**：执行与复核；

- **去向与镜像：** 每条结论落地到 P-T-R，并镜像到
ModelCell/ClauseRef/Day-100。

三项基本原则： 1）风险为本：抽样力度与重要性/风险等级/预
期偏差匹配； 2）可复演：任何人按计划能复现样本与结论； 3）结
果必落地：不止于发现，必须影响价格/条款/整改。

字段：Module ｜ Submodule ｜ Hypothesis（可验证）｜ Method（属性/分层/MUS）｜ Coverage% ｜ SampleSize ｜ Period ｜ Owner ｜ ETA ｜ Status。

怎么填（逐字段）

- **Module**（模块）：从 Finance/CDD/Legal/Tax/IT/ESG 中选择；不要自造新名，保证后续汇总一致。

- **Submodule**（子模块）：如 Revenue、Gross Margin、AR Aging、Customer Segmentation、Licensing 等；和底稿命名保持同词。

- **Hypothesis**（可验证假设）：写成可检验句式，包含口径与时间窗，如"Top10 客户留存率 ≥90%（FY2023 - FY2024）"。避免使用"优化/改进"等模糊用词。

- **Method**（抽样方法）：三选一——Attribute（属性）、Stratified（分层，写明分层维度）、MUS（金额驱动，写明阈值）。

- **Coverage%**（覆盖比例）：写目标覆盖率，如 60%、80%；注明是按金额还是按样本量覆盖。

- **SampleSize**（样本个数）：填写目标样本数（n）；低/中/高风险≥30/60/100；TopN 全检写明 N 值。

- **Period**（期间）：统一"YYYY-MM ~ YYYY-MM"，如"2023-01 ~ 2024-12"；若跨财年，备注口径差异。

- **Owner**（负责人）：填姓名或岗位（如 CDD-Lead/Analyst-A）。一个 负责人对应一组假设，便于问责。

- **ETA**（完成时间）：写"T+天数"或具体日期；与周例会节奏对齐（如"每周三前"）。

- **Status**（状态）：下拉 R/Y/G；首次建表默认 Y；阻塞改 R，并在 RYG 表填写 下次行动。

样本量建议

- **低风险**：Coverage≥40% & n≥30；**中风险**：Coverage≥60% & n≥60；**高风险/价格敏感**：Coverage≥80% & n≥100 或 **TopN 全检**（金额覆盖≥80%）。
- **截止（Cut-off）处理**：单列一行，Method 选 Attribute，Coverage 写"关键节点 100%"，SampleSize 写实际件数。

制作步骤

1. **从论点反推假设**：把第 2 章的论点拆成 5‑10 条可验证假设（含阈值/时间窗）。

2. **确定方法与口径**：为每条假设选 抽样方法；若分层，写清分层维度（客户/产品/区域/渠道）；若 MUS，写明金额阈值或采样概率。

3. **设覆盖与样本数**：同时给 Coverage% 与 SampleSize，并在"备注"写**计算依据**（如"Top20 客户覆盖 83% 收入"）。

4. **填写期间与负责人**：标准化期间；责任人指定到人；ETA 贴近周节奏。

5. **做下拉与校验**：Method/Status 建数据验证；Coverage% 设 0‑100 的限制；SampleSize 设必须为整数且>0。

6. **加条件格式**：突出显示 Coverage<目标、ETA 逾期、Status=R；生成条形图或数据条展示进度。

7. **出看板**：按 模块/责任人透视，生成"完成率看板"（完成率=已完成样本/目标样本）。

8. **关联到底稿与 VDR**：在样本台账里记录 样本 ID、筛选条件、导出时间；并与证据参考编号（EvidenceRef）进行交叉引用。

完成标准

- 覆盖达标；样本台账可追溯（含样本 ID、筛选条件、导出时间）；

- Hypothesis 可检验、Method 有效、Period/Owner/ETA/Status 完整；

- 与 §3.4 的"发现三句话"能顺畅衔接（不会出现"无样本可引用"的情况）。

3.5.2 底稿封面 & 证据清单（Evidence List）

字段：IssueID｜Title｜Scope & Assumptions｜Sample（覆盖口径）｜Evidence List（编号+VDR 路径+Hash）｜Findings（事实）｜Impact（¥/非货币）｜**Disposition（Price/Terms/Rectify）**｜（镜像字段：ModelCell/ClauseRef/Day100Task）｜Owner/Reviewer｜Version/Date。

怎么填（逐字段）

- **IssueID**：与 Bridge 表/样本台账一致；规则命名如 CDD-CON-001；一条发现一个 ID。

- **Title**：一句话概括议题，如"Top1 客户集中且无长期协议"。

- **Scope & Assumptions**：写清口径与假设（期间、币种、含税/不含税等）。

- **Sample（覆盖口径）**：写明对应抽样行（Module/Hypothesis/Method/Coverage/SampleSize）。

- **Evidence List**：逐条列**编号、VDR 全路径、导出时间、Hash、取证人/日期**；截图注明过滤条件｜页码｜系统时间｜数据范围。

- **Findings（发现）**：只写客观事实+证据编号，不写"严重/显著"等形容词。

- **Impact（影响）**：货币项给区间/阈值（相对 LTM EBITDA）；非货币项写清对**价格/条款/成交**的影响。

28

- Disposition（去向）：三选一，先定主去向；备选可写在备注，避免三项全选。
- ModelCell / ClauseRef / Day100Task：镜像字段。
- Owner/Reviewer：填经办与复核人；确保版本归属清楚。
- Version/Date：采用 v 主版本号. 次版本号. 修订号（vMAJOR.MINOR.PATCH）＋ 年-月-日；任何口径或基础变化都会导致主版本号更新。

制作步骤

1. **套用统一模板**：复制"底稿封面"模板为该事项的首页。
2. **导入样本信息**：从抽样框架表粘贴对应行（Module/Hypothesis/Method/Coverage/SampleSize/Period/Owner/ETA）。
3. **填证据清单**：把所有证据按 A/B/C 级排序，逐条填入**编号、VDR 路径、导出时间、Hash、取证人/日期**；截图补"四要素"。
4. **写三句话**："事实→影响→去向"，确保影响可被模型或条款镜像。
5. **质检与签名**：复核人逐项检查"证据三角是否闭合/是否可追溯/是否可镜像"；签名及日期。
6. **版本归档**：文件名包含 IssueID-Title-vX.Y.Z-YYYYMMDD；归档到 VDR 指定目录，并回写路径到 EvidenceRef。

完成标准

- 关键结论有 **A/B 级**证据；证据清单"五件套"齐全；
- Findings/Impact/Disposition 可直接迁移到 Bridge 表；

- 复核人签名、版本号与日期齐全；与 Bridge 表/样本台账字段一致。

第4章 操作系统与交付

本章术语与缩写（中英对照）

术语	英文/缩写	定义与口径/公式	备注
阶段节奏	P0 - P5	P0 预备 → P1 启动 → P2 取证 → P3 处置 → P4 决策（IC）→ P5 交付	一条链到底
桥表/镜像表	Bridge	发现→**模型/条款/100 天** 三镜像的唯一容器	与 SSoT 配套
单一事实源	Single Source of Truth (SSoT)	事实/证据/口径的唯一权威归集	先改 Bridge、后出报告
模型镜像	ModelCell	把影响写进模型单元格/参数	三镜像之一
条款镜像	ClauseRef	把风险写成 SPA/CP 的条款编号	三镜像之一
100 天计划	Day-100	交割后 100 天的整改与协同计划	三镜像之一
总指挥	Deal Lead	交易负责人：范围/节奏/升级/上会/对外口径	定"唯一主去向"
项目经理	PMO / Bridge Owner	方法与节奏的责任人：字段字典、周节奏、变更控制	维护 Bridge
模块负责人	Module Leads	各条线负责人（Fin/CDD/Legal/Tax/IT/ESG/HR）	样本与底稿负责
触发器	Trigger	把重大议题推送至 IC Gate 的规则与动作	自动/手动皆可
进度标色	Red/Yellow/Green (R/Y/G)	推进状态的三色标记	搭配 Aging 使用
老化管理	Aging	待办/红旗的逾期管理	与 Owner/ETA 联动
负责人/期限	Owner / ETA	每条发现的责任人/完成时点	Bridge 字段
通过标准	Definition of Done (DoD)	三句话完整、至少一镜像、证据可复演、字段齐全	章内统一口径

本章要点

本章讲**怎么跑整套尽调**：谁在**什么时候**做什么、用什么容器、按什么节奏推进，如何把发现变成**价格/条款/整改**并落成**可追溯闭环**。

- **统一语言 + 统一容器+统一落点**：统一语言为三句话（事实→影响→去向），统一容器为 **Bridge (SSoT)**，统一落点为**三镜像**（ModelCell / ClauseRef / Day-100）。所有发现

31

用**三句话**（事实→影响→去向）写入 Bridge（SSoT），并**至少命中一个镜像**（ModelCell / ClauseRef / Day-100）。

- **一条链到底**：P0 预备 → P1 启动 → P2 取证 → P3 处置 → P4 决策（IC）→ P5 交付。
- **闭环可追溯**：用 R/Y/G + Aging 管进度；触发器把议题推到 IC gate；会后 **24h** 回写，模型/条款锚点与 Bridge 同步；报告永远是 **Bridge 的快照**。

4.1 角色与指挥链（谁负责什么，如何对齐）

做什么：明确"谁对什么负责"，所有动作在 Bridge 中落地；只保留一条指挥链，任何发现从生成到决策都能追到**当前责任人**。
怎么做：

- **交易负责人（Deal Lead）**：总指挥。定范围与节奏；为**重大发现**拍"唯一主去向"；决定升级与上会；统一对外口径。
- **项目经理（PMO/Bridge Owner）**：方法与节奏的责任人。维护字段字典与版本；主持周节奏；做变更控制；确保"先改 Bridge，后出报告"。
- **模块负责人（Module Leads，Fin/CDD/Legal/Tax/IT/ESG/HR）**：样本与底稿的责任人。抽样设计、取证、三句话回写、镜像落点、One-Slide 输出。
- **外部顾问**：提供底稿，但**必须**按 Bridge 字段回填，不另起"第二真相"。
- **被投管理层/数据所有人**：系统原始导出与流程侧证明；配合复核。

产出物：角色矩阵与联系方式、项目日历、Bridge 顶层看板。
通过标准（Definition of done，DoD）：角色无重叠与空白；团

队会写"三句话"；Bridge 顶层看板可用。

4.2 统一语言与容器：三句话 × Bridge × 三镜像

要点：统一语言为**三句话**（事实→影响→去向），统一容器为 **Bridge（SSoT）**，统一落点为**三镜像**（ModelCell / ClauseRef / Day-100）。

目的：任何人看同一行记录，都能知道"发生了什么、影响多大、要怎么处置"，并且能**跳转到模型格/条款/任务**。

4.2.1Bridge（SSoT）：一条发现=一行，三句话+三镜像

桥表（Bridge），即**发现登记表（Bridge Register / Issue Log）**，是尽调过程的**唯一事实源（Single Source of Truth，SSoT）**，**是唯一的台账**，把"事实→影响→去向"以及**镜像**到模型/条款/100 天任务的映射，全部放在一张表内，任何时候是最新版本。

为什么：

- 版本统一：先改 Bridge，报告自动"跟随"；
- 快速决策：IC 直接在 Bridge 上看去向与镜像；
- 可追溯：每条记录带 EvidenceRef、Owner、LastUpdate，方便复盘。

Bridge 字段：

IssueID | Pillar（Growth/Profit/Cash/Capex/Exit）| Finding | Impact | EvidenceRef | MaterialityTag | **Disposition（Price/Terms/Rectify）** | **ModelCell | ClauseRef | Day-100** | Owner | ETA | Status（R/Y/G）| NextAction | LastUpdate。

怎么填（逐字段）

- **IssueID**：规则命名，如 CDD-CON-001；一条发现一个 ID。
- **Pillar**：按价值支点选一项，便于 IC 看到影响方向。
- **Finding**：只写客观事实（不下判断）。 不用形容词；必须引用 **EvidenceRef**（编号/资料室（VDR）路径/时间戳/Hash/取证人）。

- **Impact**：货币项写"区间/阈值（相对 LTM EBITDA）"；非货币项写"对价格/条款/成交的影响"。

- **EvidenceRef**：写编号 + VDR 路径 + 导出时间/Hash（与第 3 章一致）。

- **MaterialityTag**：来自第 2 章的阈值与评分（如"≥1% EBITDA""Redline"）。

- **Disposition**：三选一（Price/Terms/Rectify），先定"主去向"。

- **ModelCell / ClauseRef / Day-100**：三镜像字段，**至少命中其一**；不可三项都空。

- **Owner / ETA**：负责人与承诺时间；

- **Status (R/Y/G)**：按当前推进状态标色；

- **NextAction / LastUpdate**：下一步动作与更新时间（自动或手填）。

行为单位：一条发现 = 一行。

规则：填写**完整性**与**镜像落账**优先；任何修改**先改 Bridge，再导出报告**。

完成标准（DoD）：三句话完整；至少 1 **个镜像**；证据可复演；Owner/ETA/Status/LastUpdate/NextAction 不缺。

示例

字段	口径/说明	示例
IssueID	唯一编号（规则命名或系统生成）	CDD-CON-001
Pillar	价值支点（Growth/Profit/Cash/Capex/Exit）	Growth
Finding	事实表述（不下结论）	Top1 客户 35% 无长期协议
Impact	影响（¥ 或非货币，指向价格/条款/成交）	RevVar +1.5pp；或"成交确定性下降"
EvidenceRef	证据锚点（模块-类型-号-版-日期；VDR/Hash）	CDD-A-003-v1；/VDR/contract.pdf

字段	口径/说明	示例
MaterialityTag	重要性标签（来自第 2 章阈值/评分）	≥1% EBITDA；Redline
Disposition	主去向（**Price / Terms / Rectify**）	Terms
ModelCell	模型镜像（表名!单元格/参数名）	Valuation!C12
ClauseRef	条款镜像（SPA/CP 段落/锚点）	SPA §Customer Protection
Day-100	100 天计划任务（KPI/里程碑）	客户保护条款谈判（T+30）
Owner / ETA	负责人 / 预计完成时间	Deal Lead / T+21
Status (R/Y/G)	运行状态（红/黄/绿）	Y
NextAction	下一步动作	拟定条款清单并对表客户反馈
LastUpdate	最近更新时间（自动/手填）	2025-09-18

4.2.2 写入规则与镜像（从发现到落账）

目标：让每条发现都**能落地**到"模型/条款/100 天计划"三处之一，形成闭环。

三镜像规则：

1) **模型镜像（ModelCell）**：把影响转化为模型参数/单元格（如 GM、RevVar、Working Cap 周期）。

2) **条款镜像（ClauseRef）**：把风险转化为 SPA/CP 条款（如客户保护、披露、Long-Stop、托管）。

3) **100 天镜像（Day-100）**：把可整改项转化为 Day-1/100 天任务（KPI/里程碑/Owner）。 > **至少命中其一**；高风险项通常**双镜像**（如同时调模型 + 设 CP）。

怎么做（四步法）

1) **写三句话**：事实（+EvidenceRef）→ 影响（区间/阈值 或 影响成交/条款方式）→ 去向（仅三选一）。

2) **选主去向**：Price/Terms/Rectify 里**只能选一个**。

3) **落镜像**：按去向至少命中 **ModelCell / ClauseRef / Day-100** 之一；高风险可"双镜像"（如 ModelCell + ClauseRef）。

4）**回写推进**：补全 **Owner/ETA/NextAction** 并标色 **R/Y/G**；后续任何口径变动**先改 Bridge，再导出报告。**

完成标准（DoD）：每条记录主去向唯一、镜像落账、推进字段完整。

示例映射

- *客户集中* → Disposition=**Terms**；**ClauseRef**=客户保护/信息权/提前告知；如需模型反映波动区间，再补 **ModelCell**。

- *毛利异动* → Disposition=**Price**；**ModelCell**=GM 区间/敏感性；同期 **Day-100**=良率提升专项。

- *许可不确定* → Disposition=**Terms**；**ClauseRef**=CP + Long-Stop；必要时补 **Terminate/Restructure** 预案（在 IC 决）。

4.3 周 R/Y/G 表（Weekly R/Y/G）+Aging+看板(dashboard)

Weekly RYG 表字段

IssueID | Finding | Impact | EvidenceRef | Disposition | Owner | ETA | Status（R/Y/G）| NextAction | Aging（自动）| LastUpdate。

怎么填（逐字段）

- 与 Bridge 对齐，不重复造词；

- **Aging （days since last update)** 公式：=TODAY（）- LastUpdate；

- **Status 判定**： **G**=按承诺交付；**Y**=有偏差可纠；**R**=阻塞/触发阈值或红线。

Aging 与升级规则

- **R > 7 天**：自动触发升级；

- **Y > 14 天**：PMO 介入调整带宽与优先级；

- **任何红线 Redline**（合规/制裁/数据/牌照/反舞弊）：直接上 IC。

看板视图（dashboard view）：

- 以 **Status/Owner/Disposition** 三个维度透视；
- 关键路径用**里程碑**展示（Owner/ETA/完成率）。
- "R"项强制给 **Owner+NextAction+ETA**。

示例

- IssueID=FIN-REV-CUTOFF-002｜Finding=**Q4 收入 Cut-off 链路一致**｜Impact=**收入调整 −0.2%～−0.5% LTM EBITDA**｜EvidenceRef=FIN-REV-DO-045-v1；FIN-INV-045-v1；FIN-BANK-045-v1｜Disposition=**Price**｜Owner=**Analyst-D**｜ETA=2025-01-08｜Status=**Y**｜NextAction=**补两笔回款延迟说明**｜Aging=**3**｜LastUpdate=2025-01-05

4.4 一条作业链：从论点到成交

4.4.1 P0｜预备：把边界、口径与节奏说死

核心任务：先把"查到哪、算到哪、多久交"写成共识文件，消灭后续返工。

怎么做

1. **改写论点为可验证假设（5-10 条）**：句式必须带对象/时间窗/口径。例："FY2024 Top10 客户留存≥90%（合同+交付+回款核对）"。

2. **统一重大性**：做一张**重要性口径卡**：
   o 货币影响以**相对 LTM EBITDA** 写成区间或阈值；
   o 非货币设**红线**（合规/制裁/数据/牌照/反舞弊）；
   o 评分口径 = Impact × Likelihood × Mitigability。

3. **封范围**：工作范围（范围信函）（Scope of Work, SoW）+ **不查清单**签字生效；新增事项**走变更单**并**重排 ETA**。

4. **排节奏**：把周例会与 **IC 预留**落到日历；确认 VDR 权

限、数据接口、拍板人名单。

完成标准（Definition of done, DoD）：

- 首个 **IC 窗口**已占位；
- 口径统一成"**相对 EBITDA 的区间/阈值**"，禁止"显著/较大"等模糊词；
- 范围之外的需求**只能**以变更单进入。

4.4.2 P1 | 启动：统一容器与语言（Bridge 先行）

启动会要做什么

- **演示一行"合格的 Bridge 行"**（当场示范）；

Bridge = 唯一事实源（SSoT），每一行是"最小可运营单元"。

- **发布命名与版本规则**：[模块]–[子模块]–[类型]–[序号]–[版本]–[日期]；版本 vMAJOR.MINOR.PATCH；
- **启动 R/Y/G 节奏与看板**：

  o 判色：G=按承诺交付；Y=偏差可纠正；R=阻塞/触发阈值或红线；

  o Aging = TODAY（）- LastUpdate；**R>7 自动升级，Y>14 PM 介入，红线直上 IC**；

  o 工作层看板=Owner×Status 视图；管理层看板=Disposition 视图（价格/条款/整改）。

4.4.3 P2 | 取证与验证：抽到位，证到位

目标：用**三法抽样**与**三角取证**把假设坐实，写成"事实→影响→去向"，并回写 Bridge。

抽样三法

- **属性**：看"有无/合规"；
- **分层**：保证代表性（客户/产品/区域/渠道）；
- **MUS**：金额驱动，适合收入/毛利/应收。

覆盖与样本量（统一口径）：低/中/高风险覆盖 **≥40/60/80%**，样

本数 n ≥30/60/100；TopN 全检且金额覆盖 ≥80%；截止处理（cut-off） 必须单列。

证据三角

合同/文件（纸面） × 业务流（实际） × 资金流（真金白银）

必须在对象/金额/时间/口径上互证。每张截图带"过滤条件、分页号、系统时间、数据范围"；每条 EvidenceRef 留"编号、VDR 路径、导出时间戳、Hash、取证人"。

回写 Bridge 的"三句话"

事实（附证据编号、禁形容词） → **影响**（相对 LTM EBITDA 的区间/阈值；非货币写对价格/条款/成交） → **去向**（三选一）。至少命中**一个镜像字段**；未定标"待 IC"。

完成标准（Definition of done）

每条假设都有**闭合证据链**；三句话**可镜像**；Bridge 行**可追溯**。

行业化迷你例子（P2 取证视角）

- **制造业 | PPAP (Production Part Approval Process，生产件批准程序）/首件复核(First Article Inspection)：**
    o 假设：量产稳定，首件合格率 ≥98%。
    o 抽样：属性+分层（关键工序/供应商）覆盖 ≥60%，n ≥60；Top 供应商 100% 全检。
    o 三角：合同/图纸版本（纸面）× 首件检验/过程控制（业务流）× 不良返工/质保成本（资金流）。
    o 三句话：事实=关键工序 2/10 无完整 PPAP；影响=良率 −0.5~−1.0pp（折 EBITDA）；去向=Rectify（补齐 PPAP+首件再验证）。
    o 镜像：Day-100="T+45 补齐 PPAP 并通过首件复核（Owner: QA-Lead；KPI ≥98%）"；必要时 ModelCell 下调 GM 区间。

4.4.4 P3丨归因与处置：把发现翻译成价格/条款/整改；

要义：只选一个主去向（Price/Terms/Rectify），并完成**镜像**。

怎么做

    1）选主去向：三选一；

    2）做镜像：**ModelCell/ClauseRef/Day-100 ≥1**，高风险可"双镜像"；

    3）形成方案：

        o **Price**：把影响写成模型参数区间/敏感性（GM、RevVar、WC 周期等）；

        o **Terms**：把风险排进 CP/Specific/Earn-out/托管，并标 **SPA/CP §号锚点**；

        o **Rectify**：把可改项写成 100 天任务（Owner/ETA/KPI）。

    4）成稿：**One-Slide per Issue**（事实丨影响丨证据丨去向丨镜像丨Owner丨ETA丨状态）。

完成标准（Definition of done, DoD）：

每条 Issue 有**唯一主去向**且命中 **≥1 镜像**；One-Slide 覆盖全部重大发现。

行业化迷你例子（P3 处置视角）

    • **制造业丨PPAP/首件复核**：主去向=**Rectify**；Day-100="T+45 补齐 PPAP 全套并复核首件（Owner：QA-Lead；KPI 合格率 ≥98%，不良率 ≤2%）"；必要时 **Price** 镜像=GM −0.3~−0.5pp；若供应风险影响交付承诺，补 **Terms**（Specific Warranty）。

4.4.5 P4丨决策与谈判（IC gate）

IC gate 触发条件（任一满足）：

1）单项影响 ≥ **IC gate 阈值**（常见口径：**1.5 - 2.0% LTM EBITDA**）；

2）触发**非货币红线**（合规/牌照/制裁/数据/反舞弊等）；

3）复合暴露评为 **High/Critical** 且**可缓释性低**；

4）**去向分歧**在工作层无法收敛。

IC 决定三件事：

1）**定去向：**Price / Terms / Rectify / Terminate / Restructure；

2）**批镜像：**批准**模型参数/定价机制**或 SPA·CP 条款架构或 100 天任务清单；

3）**定责任与时间：**Owner / 里程碑 / Long-Stop（截止期限） / 回会时间。

会前材料（单页式One-Pager 套餐）：

- 论点及范围 Thesis & Range（含重要性口径）

- 潜在风险及应对措施 Red Flags & Responses

- 估值触发因素 Valuation Triggers（模型敏感性/区间）

- 交易条款建议 Terms Proposal （CP/Specific/Earn-out//Escrow）

- 时间表 Timeline（最终期限 Long-Stop/里程碑/回会时间）

- 100 天关键绩效指标 Day-100 KPIs（Owner/ETA）

会后回写（24h 内）：

- 记录 **IC 决议编号**与要点；

- 在 Bridge 更新 **Disposition / ModelCell / ClauseRef / Day-100 / Owner / ETA / Status**；

- 同步**模型变更单**与**条款议程锚点**（SPA/CP）。

4.4.6 P5｜交付与移交：少而硬，拿来即用

输出"少而硬"的报告

- 报告骨架：执行摘要≤2 页（先结论）｜红旗与响应 ≤3 页（四栏：事实/影响/证据/去向）｜关键分析≤8 页 （只放能动模型/条款的内容）｜条款与去向≤2 页；

- 报告由 Bridge 导出。

移交三件套

- Bridge 快照（含镜像字段）｜IC 决议索引（编号/时间/要点）｜100 天任务清单（Owner/ETA/KPI）。

变更单记录

- 版本管理以 Bridge 为准，任何修改先改 Bridge，再导快照；重大口径变更需 IC 复核并出变更单，版本与变更单要闭环。

完成标准（Definition of done, DoD）：

报告与 Bridge **一致**；三件套**齐全**；投后可按 100 天计划**直接开跑**。

Part II 核心模块与交易机制

第5章 商业与运营
(CDD +Operations/Supply Chain)

本章术语与缩写（中英对照）

术语	英文/缩写	定义与口径/公式	备注
可服务市场	Serviceable Available Market (SAM)	在当前渠道/地域/法规约束内，合理可服务的市场规模	分清 TAM/SAM/SOM
总可及市场	Total Addressable Market (TAM)	不受限制的理论最大市场规模	仅作上限参考
可获得市场份额	Serviceable Obtainable Market (SOM)	在资源与能力约束下三年内可获得的份额	用于模型份额假设
净收入留存	Net Dollar Retention (NDR)	（期末保留 + 扩张 − 收缩 − 流失）÷ 期初相同用户群收入	>120% 强；<100% 预警
客户流失率	Logo Churn	期内流失客户数 ÷ 期初客户数	与 NDR 交叉判读
用户群体/群组	Cohort	指根据共同的起始标准（例如注册月份）划分的一组用户，用于进行长期用户留存/重复购买分析	观察窗需固定
获客成本	Customer Acquisition Cost (CAC)	当期销售与营销费用 ÷ 新增客户数	是否含返利/实施费需一致
客户终身价值	Lifetime Value (LTV)	单客贡献毛利 × 预期留存年限（或贴现现金流）	常与 LTV/CAC ≥3 一起使用
回本周期	Payback Period	CAC ÷ 月度贡献毛利	>24 月需解释（粘性与资金成本）
平均每户收入	Average Revenue per User (ARPU)	期间经常性收入 ÷ 有效客户数	一次性/硬件收入应剔除
年度经常性收入	Annual Recurring Revenue (ARR)	订阅/经常性收入的年化口径	排除一次性/硬件
设备综合效率	Overall Equipment Effectiveness (OEE)	可开动率 × 性能 × 质量	识别瓶颈与扩产余地
良率	Yield	合格产出 ÷ 总投入	可辅以 Cpk/PPAP
过程能力指数	Process Capability Index (Cpk)	$Min[(USL-mean)/(3\sigma), (mean-LSL)/(3\sigma)]$	过程稳定性与偏移度指标
生产件批准程序	Production Part ApprovalProcess (PPAP)	首次产品检验（FAI）或设计变更后正式放行零件	适用于制造/硬件

术语	英文/缩写	定义与口径/公式	备注
百万不良率	Parts per Million defects （PPM）	每百万件中的不良数	质量常用指标
按期足量交付率	On-Time In Full (OTIF)	按期且足量交付的订单 ÷ 总订单	与库存/计划联读
现金转换周期	Cash Conversion Cycle (CCC)	DSO + DOH − DPO	注意季节性因素
应收账款周转天数	Days Sales Outstanding (DSO)	期末应收账款 ÷（本期销售/天数）	保持期间基准一致
存货持有天数	Days on Hand (DOH)	平均库存 ÷（销售成本/天数）	又称库存天数
应付账款周转天数	Days Payable Outstanding (DPO)	期末应付 ÷（采购或销售成本/天数）	受账期/现金折扣影响
服务水平协议	Service Level Agreement (SLA)	约定服务水平、度量与违约安排	常与罚则/补救绑定
销售与运营计划	Sales & Operations Planning （S&OP）	月度滚动的需求-供给平衡	将需求预测与供应计划有效衔接。
吞吐量	Throughput	在瓶颈约束下单位时间有效产出	约束理论指标
在制/在制限制	Work-in-Process / WIP Cap （WIP / WIP Cap）	限制在制以稳定瓶颈效率	防堆积致波动
集中度指数	Herfindahl-Hirschman Index (HHI)	Σ（份额^2）	度量客户/供应商集中度
最惠国条款	Most-Favoured Nation (MFN)	条款不低于其他方最优条件	可能与提价策略冲突
价格-销量-结构	Price-Volume-Mix (P-V-M)	将毛利变化分解为价格/数量/结构贡献	常用于经营分析
客户之声	Voice of Customer (VoC)	结构化客户访谈/调研的证据集合	与合同/账单交叉验真
单一事实源	Single Source of Truth (SSoT)	事实/证据/口径的唯一权威归集	与 Bridge 联动
镜像表/桥表	Bridge	发现→模型/条款/Day-100 的索引表	支持追溯与审计
三去向	Price-Terms-Rectify (P-T-R)	价格/条款/整改三种落地去向	防"只发现不落地"

本章要点

- **核心问题**：通过最简捷的方法验证"增长→盈利→现金流"的可行性，并将每个发现通过"桥梁"（SSoT）映射到模型参数、交易条款以及第 1 天和第 100 天的行动计划（PTR）中，从而确保决定是可行的。

- **市场与份额**：用 SAM/SOM 与"自上而下 × 自下而上"双轨核算空间与份额，并拆解到**渠道/地域/价格带**。

- **客户粘性**：以 NDR/Logo Churn 判读存量韧性；抽查合同四要素（**自动续期/解约权/最低采购/涨价机制/MFN**），识别"可执行的刚性"。如果 NDR>120% 是由价格主导的，则在 2-3 个季度后验证净留存率。

- **单位经济学**：以**贡献毛利、CAC、回本周期、LTV/CAC**检验"新增 1 元收入是否创造现金"；**回本>24 个月或高折扣客留存更差**时，下修模型并设计**折扣/价格条款**。

- **运营支撑**：用 OEE/节拍/良率定位瓶颈，用 OTIF/SLA 衡量服务稳定；若不稳定则设置**交割前整改 CP 与 Day-100 KPI**（如"良率≥98%、OTIF≥95% 连续两月"）。

- **供应韧性与现金**：以 HHI/TopN 衡量集中度；核查**替代与切换成本**；对于价格与指数挂钩的原材料，采用价格指数联动机制或双重供应商策略；综合分析库存周转率、按时交货率和现金转换周期等指标，以识别潜在的现金流压力。

- **情景与压力**：对**份额/价格/留存/良率/OTIF 五驱动**做敏感性分析；下行内部收益率（**Downside IRR**）低于门槛时，用 **Earn-out/价款调整/CP** 转移风险。

- **完成标准（DoD）**：三句话（**事实→影响→去向**）+ 至少一镜像（ModelCell/ClauseRef/Day-100）+ 可复演证据 + 字段齐全。

5.1 市场与竞争：空间、驱动、份额与位势

① 目的与判断口径

判定三年期增量是否**真实可达**，以及目标公司可分到的份额。以 **SAM（可服务市场）** 而非泛 TAM 为口径；从价格带、渠道与地域三维拆解空间。

② 要数据（3 件）

- 第三方市场数据（两家以上可交叉）与口径说明；
- 竞品价格与渠道样本（近 12 - 24 个月）；
- 赢/输单记录（含原因标签）。

③抽样与测试（怎么抽、为何这样抽）

- **赢/输单抽样**：按行业×区域×客群分层，从近 12 - 24 个月 CRM 中抽 n≥60；核对"输单原因"与 **VoC** 的一致性，以排除"主观归因"。
- **价格篮子**：对 3 - 5 个关键 SKU（库存单位）/服务，固定**渠道/地区/规格**，按月取样"挂牌价→净到手价"。对比竞品的促销/返利，得到真实"价位带"。
- **第三方数据交叉验证**：使用至少两个信誉良好的数据来源；记录各数据来源定义上的差异（SAM 边界/样本量）。如有必要，将数据统一到相同的 **SAM/SOM** 标准框架下。

④分析与模型（P-T-R）

- **双轨份额**：Top-down（市场×份额）vs Bottom-up（客户/渠道汇总），若偏差>5pp，请重新评估渠道渗透率和价格区间调整的假设。
- **P-V-M 分解**：把毛利变化拆为 price/volume/mix（价格/数量/结构）贡献，设"低价带占比增加 10pp"的敏感性分析滑条，观察**增长质量**。
- **去向**：若增长主要来自低价带/补贴 → **Price**：下修增长质量；**Terms**：增配信息权/预算偏差通报；若市场准入不确定 → **CP**（许可/牌照）。

⑤红旗→条款映射

- **补贴依赖**：补贴取消将直接压价 → 用 **Earn-out**（业绩对赌）将不确定性转移，以实现成果。
- **份额被高估**：Top-down 高于 Bottom-up → 在模型中下调销量/价格，或者在条款中加**里程碑**触发条件。
- **准入/审批悬而未决**：无批复即无法经营 → **强 CP + Long-Stop**，并限制交割前的重大投资/扩产。

⑥ **模板/条款跳转**

见 **A-CDD-01**（市场拆解表）、**A-CDD-02**（赢输单样本表）；条款见 **B-CP-03**（审批/许可 CP）、**B-MECH-05**（业绩里程碑）。

5.2 客户与留存：分群、NDR/Churn、合同粘性与解约权

① **目的与判断口径**

衡量存量收入的**自愈力**与**合同粘性**。以 cohort（用户群体/群组）计算 NDR（净收入留存）/Logo Churn（客户流失率）；检查自动续期、解约权、最惠国（MFN）、涨价条款等关键条款。

② **要数据（3 件）**

- 带有细分标签的 36 个月客户分级收入和毛利；
- Top20 合同与续费/解约条款；
- 流失客户清单与原因（VoC 摘要）。

③ **抽样与测试**

- **合同一致性**：Top30 客户做"合同—订单—发票"三角核对，重点核实**自动续期/解约权/最低采购/MFN/涨价机制**是否贯通到执行层。
- **VoC 配额**：≥20 户或覆盖≥70%收入，按行业/规模/渠道设配额，追问"为何留下/为何离开/可接受的涨价幅度/替代威胁"。

- **客户群留存率**：按用户激活月份划分客户群（至少24-36 个月）。将 NDR 分解为扩张/收缩/流失；剔除一次性/大型项目的"假扩张"。

④ **分析与模型（P-T-R）**

- **NDR 驱动树**：NDR = 1 + 扩张率 − 收缩率 − 流失率；按客户分群看驱动项；增加"提价失败/降折扣失败"的情景分析。

- **生存曲线与客户终身价值**：构建生存率曲线 $S(t)$；计算 LTV/CAC（客户终身价值/获客成本），从而识别那些折扣力度大但客户留存率低的用户群体。

- **去向**：粘性不足 → **Terms**：长期协议/最低采购/提前告知；签不下 → **Price** 折价或 **Earn-out**（**业绩对赌**）与 NDR 绑定；**Day-100**：跟进续约与提价动作表。

⑤ **红旗→条款映射**

- **Top1>30% 且 30 天解约权**：实际 Logo Churn 风险高 → 要么签**长期协议 CP**，要么用 **Earn-out** 对冲；若两者皆无 → 估值折价＋信息权。

- **价格驱动的"虚高 NDR"**：短期提价拉高 NDR，但次季留存下滑 → 加 **折扣上限/涨价节奏** 条款，并在模型做"净留存"敏感性分析。

⑥ **模板/条款跳转**

见 **A-CDD-03**（NDR/Churn Cohort 表）、**A-CDD-04**（合同一致性清单）；条款见 **B-CP-12**（长期协议 CP）、**B-SPEC-07**（历史定价专项）。

5.3 定价与单位经济学：贡献毛利、回本周期、敏感性

① **目的与判断口径**

验证**"每新增 1 元收入是否产生正的现金贡献"**。聚焦于贡献毛利、CAC（获客成本）、回本周期、LTV/CAC。

② **要数据（3 件）**

- 价格与折扣台账（按客户/产品/渠道）；
- 渠道费用与 CAC（获客成本）拆解；
- 历史提价事件清单（前后 3 季收入/毛利/留存）。

③ **抽样与测试**

- **价格瀑布**：从挂牌到净到手，抽样核对"折扣/返利/费用"是否层层可追溯（合同→计算表→冲减凭证）。
- **弹性样本**：选择至少 10 个历史价格上涨事件；使用渠道虚拟变量控制促销活动季节性因素，分析"折扣幅度→留存/毛利"之间的关系。
- **CAC/渠道费用**：按群组/渠道重新计算 CAC 和回本周期；抽样调查营销支出或回扣是否被资本化或递延。

④ **分析与模型（P-T-R）**

- **单位经济学卡片**：ARPU→贡献毛利→回本周期→LTV；把"折扣带×留存弹性"写成滑条；
- **阈值判断**：Payback>24m 或高折扣客户群留存更差 → 下修增长质量并设置**折扣上限**；
- **去向**：**Price**：下修毛利/增长参数；**Terms**：价格机制/指数化/折扣审批；**Rectify**：渠道费用归口与 KPI。

⑤ **红旗→条款映射**

- **折扣倒挂**：战屡客户净价低于渠道均价 → 在完成账户/锁箱（Completion/LB）下要求毛利桥披露＋专项赔偿（Specific Indemnity）覆盖历史缺口。
- **最惠国待遇（MFN）与提价冲突**：最惠国待遇阻碍提价执行→构建包含特定通知期和产品差异化的合同条款来绕过最惠国待遇冲突。

⑥ **模板/条款跳转**

见 **A-CDD-05**（价格带分布/弹性表）、**A-CDD-06**（提价复盘模板）；

条款见 **B-MECH-03**（折扣/价格机制）、**B-SPEC-05**（毛利专项）。

5.4 情景与压力：Base/Downside/Upside 的要点与证据口径

① 目的与判断口径

确定关键驱动"打折"后的底线回报。驱动维度：份额/价格/留存/良率/OTIF。

② 要数据（3件）

- 关键驱动的历史波动与触发因素；
- 外部变量（政策/原材料/汇率）与相关性；
- 经营韧性措施（双供/安全库存/可替代性）。

③ 抽样与测试

- **证据锚点**：每个驱动（份额/价格/留存/良率/OTIF）至少一个"历史最差季"与一个"外部冲击"证据（政策、指数、大客户计划）。
- **压力构建**：用"最差季 + 外部冲击（如原料 +20%/汇率贬值 10%）"做 Downside；验证与业务的相关性而非拍脑袋。

④ 分析与模型（P-T-R）

- **五驱动矩阵**：建立对 IRR 的敏感性地图；把触发阈值（如指数↑15%）写成 **Trigger**（触发器），自动联动模型和条款。
- **去向**：下行内部收益率（DownsideIRR）＜ 门槛 → **Earn-out/价款调整**吸收不确定；不可缓释项 → CP 达标再交割；对外部暴露 → **指数化/对冲**。

⑤ 红旗→条款映射

- **单一指数暴露**：如原料与价格高度相关 → **指数化条款** + 审计权；若供应易断 → 同时加入**双供 CP**。

50

- **许可证不确定**：无证不能卖 → **强 CP + Long-Stop**，并约定"未达标即终止，无违约"。

⑥ 模板/条款跳转

见 **A-MECH-05**（情景敏感性矩阵）、条款见 **B-MECH-04**（Earn-out 设计）与 **B-CP-03**（批复 CP）。

5.5 运营与产能：OEE/良率/瓶颈工序、服务水平与成本结构

① 目的与判断口径
确认运营能稳定支撑商业计划，并识别瓶颈与波动源。

② 要数据（3 件）
- 产能/节拍/稼动率台账与"产能热力图"；
- 良率/返工成本/质损台账；
- SLA/OTIF 与违约成本记录。

③ 抽样与测试
- **产能热力图**：从 MES（Manufacturing Execution System）/ERP（Enterprise Resource Planning）按流程拉"节拍×稼动率×良率"，定位瓶颈与波动源（换型、缺料、维护）；
- **良率穿透与 Cpk**：覆盖 ≥60% 工单，核对检查日志和返工/报废成本；对 CTQs（**Critical to Quality**）计算 Cpk，连接客户 PPM 要求；
- **服务稳定性**：抽 n≥50 的 **OTIF** 订单样本，核对计划/承诺/实际；与 SLA 罚则逐条对齐，形成"OTIF→罚款→现金流"的证据链。

④ 分析与模型（P-T-R）
- **吞吐量（Throughput）模型**：瓶颈产能 = 节拍（takt）$^{-1}$×稼动率×良率；用利特尔定律 Little's Law

51

（WIP=TH×CT 设定 **WIP上限**；把良率波动传导到毛利与交付能力。

- **去向**：关键工序不稳 → **CP** 设阈值（如"连续两月 Yield≥98%、OTIF≥95%"）；若短期不可达 → **Price**：下修毛利/交付；**Day-100**：S&OP （Sales and Operations Planning） 调整与冗余方案。

⑤ **红旗→条款映射**

- **瓶颈不可控**：交付承诺不可信 → **CP** 设定"达标才交割"，并将关键工序纳入交割后义务（Post-close Undertakings）。

- **质量漂移**：PPM 升高/返工上升 → 设 Specific Indemnity 或交割后**质量 KBI**，违约触发补偿或价格调整。

⑥ **模板/条款跳转**

见 **A-OPS-03**（OEE/良率透视表）、**A-OPS-04**（产能热力图模板）；条款见 **B-CP-10**（运营达标 CP）、**B-POST-02**（Day-100 承诺）。

5.6 供应链与库存：集中度与替代方案、周转和OTIF

① **目的与判断口径**

识别单点故障与成本波动风险，评估保供韧性。

② **要数据（3 件）**

- 供应商集中度（TopN/HHI）与备选方案；
- 关键物料价格机制（指数化/调价条款）与相关性；
- 库存结构/周转与 OTIF。

③ **抽样与测试**

- **集中度与替代**：算 Top-N/HHI；对 Top10 物料核对**替代表/切换成本**（认证周期/模具/一次性费用）。

- **价格指数与合同**：建立关键原料与指数关联；核对合同中的**指数化/调价条款**与实际相关性是否一致。

- **安全库存与呆滞**：用 $SS=Z\times\sigma d\times\sqrt{L}$ 估算安全库存；抽查账龄>180 天的呆滞与减值计提；联读 OTIF 与库存占用。

④ **分析与模型（P-T-R）**

- **成本与现金双通路**：把指数化传导到成本与 CCC（Cash Conversion Cycle）；在 IRR 模型里测试"原料 +20%、交期 +2 周"的联动影响。

- **去向**：单一料源+高指数相关性 → **Terms**：双供/指数化；无法落地 → **Rectify**：安全库存/替代认证；仍不稳 → **Price** 折价。

⑤ **红旗→条款映射**

- **单点故障**：断供史+单一料源 → **双供 CP** 与**安全库存承诺**；

- **高呆滞/低 OTIF**：库存结构失衡 → **Day-100** 设"处置与保值机制"（折价/回购/报废分担）。

⑥ **模板/条款跳转**

见 **A-OPS-05**（供应依赖与替代表）、**A-OPS-06**（库存/OTIF 透视表）；条款见 **B-CP-11**（双供/库存 CP）、**B-MECH-06**（价格指数化）。

5.7 红旗→条款映射（总表）

风险/红旗	证据与口径	影响（量化）	去向（P-T-R）	条款/机制挂钩
客户集中 + 30 天解约权	合同条款 + 开票/回款记录	NDR 下行 3 - 5pp	**Terms**：长期协议/最低采购；或 **Price** 折价	B-CP-12、B-MECH-04
折扣倒挂/提价弹性差	价格带×留存弹性	贡献毛利率下移 1 - 2pp	**Price**：毛利参数下修	B-SPEC-05（毛利专项）
产能瓶颈/良率下降	节拍×OEE×良率台账	Throughput 受限、交付风险	**Rectify**：交割前达标 CP	B-CP-10、B-POST-02

风险/红旗	证据与口径	影响（量化）	去向（P-T-R）	条款/机制挂钩
单一料源/价指相关	Top 物料 HHI、价指相关性	成本波动、CCC 上升	**Terms**：双供/指数化； **Rectify**：安全库存	**B-CP-11**、**B-MECH-06**
OTIF 低/违约高	SLA/罚则台账	现金与口碑受损	**Rectify**：S&OP 纠偏； **Price**：现金转换下修	**B-POST-02**、**B-CP-10**

说明：本章所有结论均需在 Bridge 表留"单一事实源"记录（EvidenceRef/Owner/ETA/Status），并镜像到 **ModelCell/ClauseRef/Day-100** 三去向中的至少一项。

第6章 财务尽调 (FDD + Deal Mechanics)

本章术语与缩写（中英对照）

术语	英文/缩写	定义与口径/公式	备注
利润质量	Quality of Earnings (QoE)	剔除一次性/非常规/政策差异后的经常性盈利能力	以经常性 EBITDA 为核心
经常性 EBITDA	Recurring EBITDA	剔除一次性与非常规项后的 EBITDA	估值与条款基数
截止测试	Cut-off Test	检查期末前后收入/成本期间归属是否准确	防拉单/推迟入账
倒查	Walk-back	自资金流水回溯发票/订单/合同/出入库的一致性	证据三角之一
证据三角	Document-Process-Funds	合同/流程/资金三边互证	缺一为线索，非结论
净营运资本	Net Working Capital (NWC)	按约定口径的流动资产—流动负债	设 Peg/True-up
营运资本目标	NWC Peg	交易约定的目标 NWC	通常是 LTM 中值/分位数
真正数调整	True-up	交割后按实际 WC/ND 调整价款	完成账户机制
净债务	Net Debt (ND)	带息负债—现金等价物（按约定口径）	含租赁负债
债务类项目	Debt-like Items	实质等同债务的义务（回购/担保/未缴税费等）	计入 ND
锁箱机制	Locked-Box (LB)	以历史基准日定价并锁定外流	需定义 Leakage
外流/允许外流	Leakage / Permitted Leakage	基准日至交割间的价值外流及允许例外	配违约赔偿
滴答费	Ticking Fee	LB 期间买方资本占用补偿	与利率挂钩
资本化政策	Capitalization Policy	费用/开发/维修等资本化的政策与阈值	跨实体统一
IFRS16/ASC842	—	租赁会计新准则（使用权资产/租赁负债反映在资产负债表上）	影响 ND/EBITDA
保理/证券化	Factoring / Securitization	应收账款出售/质押/证券化安排	关注回购责任
受限现金	Restricted Cash	受监管/担保/协议限制的现金	自现金剔除

本章要点

- **目标与主线**：核实"**利润是否真实且可持续，利润是否可以转化为现金**"。把每条结论落到 **P-T-R（三去向）**，并记录在 **Bridge**（SSoT）中。

- **利润质量（QoE）**：统一口径，剔除一次性/非常规/口径差异，重构**经常性 EBITDA** 与**毛利桥**，作为估值与条款的"硬基数"。

- **收入确认与真实度**：围绕**五要素**（履约义务、价格/折扣、交付/验收、减值、退货/回扣）做**截点与倒查**，识别通道填货、提前确认、回扣计提不足等风险。

- **成本/费用与资本化**：划定清晰的运营支出/资本支出界限；重新测试折旧/摊销和减值；清除资本支出中的经常性运营成本。

- **净营运资本（NWC）**：定义政策和季节性区间，穿透结构性项目，并与 Peg/True-up 挂钩，避免基准日"冲业绩"。

- **净债务与债务类（ND & Debt-like）**：在 IFRS 16/ASC 842 统一下穿透租赁、保理/证券化、受限现金与或有负债，确保价款机制对得上"实质债务"。

- **价款机制选择**：在完成账户（Completion Accounts）与锁箱机制（Locked-Box）二选一；LB 明确 Leakage/Permitted 与 Ticking Fee；Completion 明确 **WC/ND 真正数调整**、争议解决与审计师角色。

- **现金转换与压力测试**：以 CCC（DSO/DOH/DPO）与回款/周转台账实证"利润→现金"的可达性，并构建下行情景。

- **DoD**：三句话（事实→影响→去向）+ 至少一镜像（ModelCell/ClauseRef/Day-100）+ 可复演证据 + 字段齐全。

6.1 利润质量（QoE）：收入/成本口径与经常性 EBITDA

① 目的与判断口径

把"管理层口径利润"还原为**可审计、可复演**的经常性利润。关键是区分**"会发生一次"**与**"会反复发生"**。方法是先**统一会计政策与估计**，再做**加回/剔除/重分类**，形成 **QoE 调整表**与**毛利桥**。

② 要数据（3 件）

1）36 - 60 个月度损益期间与毛利桥（价格/数量/结构）；

2）一次性/非常规清单（处置/政府补助/疫情/重组/公允价值变动等）；

3）会计政策与估计说明（收入确认、销货成本、折旧/摊销、减值与资本化）。

③ 抽样与测试（怎么做、为什么做）

– **截止与一致性**：对期末前后 ±15 天的订单做"**合同→出入库→开票→回款**"四链核对；意义在于识别"跨期腾挪"（提前/延后确认）。

– **一次性穿透**：抽查金额 TopN 的"其他收益/公允价值变动/处置/补助"等，核对是否具备**可持续**与**现金性**；避免把暂时性收益当作经常性。

– **资本化边界**：对费用化/资本化临界项抽样（如研发、实施、维修），复核是否满足资产定义；防"把经常性运营成本资本化"。

④ 分析与模型（P-T-R）

– **重构经常性 EBITDA**：列明每个调整项的**证据编号与口径**，输出"管理口径 → QoE 口径"的桥表，并对关键假设做敏感性区间。

– **去向**：经常性利润显著低于管理口径 → **Price**：估值折减并在模型写回参数；**Terms**：对特定项设 **Specific Indemnity**（专项赔偿）；**Rectify**：统一会计政策并（如可行）追溯更正。

– **Bridge 镜像**：每一调整在 Bridge 留 ModelCell（参数）、ClauseRef（条款编号），确保 IC 能"一键追溯"。

⑤ **红旗→条款映射**

－一次性/非常规收益计入利润 → 专项赔偿；陈述与保证（报表真实、会计政策一致）。

－ 费用资本化/折旧摊销不当 → 专项赔偿；陈述与保证；交割后整改承诺（Day-100）。

－ "以价换量"导致毛利率阶段性提升、不可持续 → 价格/折扣机制（上限与审批）；对赌/事后结算安排（以经常性利润或毛利为基准）。

－ 奖金、返利、佣金等应计不足 → 专项赔偿；"无未披露负债"的陈述与保证；保留金/托管安排。

－ 交割前会计政策调整 → 陈述与保证（政策一致性）；先决条件（交割前会计政策保持一致）；真正数回调机制。

⑥ **模板/条款跳转**

A-FDD-01（QoE 调整表）、A-FDD-02（毛利桥模板）；B-SPEC-01、B-R&W-01。

6.2 收入确认与应收真实性：五要素与截点校验

① **目的与判断口径**

确认收入**"该确认时确认、该冲回时冲回"**，并且应收**"真实、可收回"**。聚焦**五要素**：履约义务、单价/折扣、交付/验收、减值计提、退货/返点。

② **要数据（3 件）**

1）Top 合同与价格机制（返点/促销/MFN）；

2）期末前后发货/服务单、发票/收据、退货/返点台账；

3）应收账龄、预期信用损失（Expected Credit Loss，ECL）/坏账计提政策与历史冲销。

③ **抽样与测试（怎么做、为什么做）**

－ **截点测试（Cut-off）**：抽样期末前后订单；核对"交付/验收是

否已达成"，以发现通道填货/账单保留（Bill-and-Hold）/提前确认。

- **倒查一致（Walk-back）**：从资金流水回溯到发票/订单/合同，能快速识别"纸面有单、现金难回"的虚胖收入。

- **减值与返利**：核对应收账龄与坏账计提是否与历史冲销相匹配；抽检返点/促销是否**全额计提并及时冲减**，避免高估毛利。

- **经销/寄售重难点**：对代发/寄售/渠道冲量场景，增加"回款节奏"和"退货窗口"的专项样本，避免真正的风险被"净销售额"掩盖。

④ **分析与模型（P-T-R）**

- **量化影响**：量化**收入、毛利、现金的**净修正（the net correction），并给出"冲回/补提"的操作路径与时间表。

- **去向**：Price：下调增长与毛利质量假设；Terms：设 **回款里程碑/折扣上限/信息权**；Rectify：补提坏账与返利，更新会计政策（Day-100）。

⑤ **红旗→条款映射**

- 通道填货/未满足交付或验收即确认收入 → 回款/验收里程碑作为交割条件或对赌触发；价格/折扣机制（上限与审批）。

- 存在未披露的附加协议/口头承诺（退换/返利）→ 陈述与保证（完整披露）；专项赔偿。

- 逾期应收账款占比高、核销上升 → 专项赔偿；营运资本定义与价格调整（明确包括异常项目）。

- 寄售/代销/回购协议导致收入可撤回 → 陈述与保证；对赌指标改为利润/毛利；专项赔偿。

⑥ **模板/条款跳转**

A-CDD-04（合同一致性清单）、A-FDD-03（收入截止与倒查底稿）；B-CP-12、B-MECH-03、B-SPEC-07。

6.3 成本/费用与资本化：运营支出/资本支出边界，折旧、摊销与减值

① 目的与判断口径

找出被"**资本化**"或"**重新分类**"掩盖的经常性运营成本，统一折旧/摊销与减值口径，避免"纸面利润好看，现金承压"。

② 要数据（3件）

1）固定资资/在建工程/无形资产明细与资本化政策；

2）维修/开发/实施等资本化台账及立项/验收；

3）折旧/摊销时间表和减值测试文件（可收回金额/现金产出单位（CGU））。

③ 抽样与测试（怎么做、为什么做）

- **边界抽样**：从"金额靠近资本化阈值"的项目入手，核对满足资产定义与未来经济收益的证据；防"把费用堆到资产里"。

- **寿命与残值一致性**：抽检关键资产的使用年限/残值是否随意变更；不合理延长寿命会**人为抬升当期利润**。

- **减值敏感性**：对核心现金产出单位（CGU）做折现率/增长率/毛利率的三维敏感性；验证"是否存在只涨不跌的假设"。

④ 分析与模型（P-T-R）

- **回写经常性 Opex**：把"被资本化的经常性支出"回写至 EBITDA 与现金流，校正回本周期与 IRR。

- **去向**：Completion 下设置 Capex/维护性 Capex KPI；或在 LB 下明确 Permitted Capex 清单。政策不可改的，Price 折价。

⑤ 红旗→条款映射

- 标准成本过期/差异积压导致毛利失真 → 专项赔偿；交割后整改承诺。

- 保修/返工/售后应计不足 → 专项赔偿；"无未披露负债"的陈述与保证。

- 存货报废/减值覆盖不足 → 专项赔偿；营运资本定义与回调机

制（剔除异常项目）。

– 运费/能源附加成本未有效转嫁 → 价格调整/附加费条款；指数/联动条款。

⑥ 模板/条款跳转

A-FDD-04（资本化抽样清单）、A-FDD-05（减值测试复核表）；B-R&W-03、B-CP-09。

6.4 净营运资本（NWC）：口径、季节性与 Peg/True-up

① 目的与判断口径

把"流动环节的真实占用"定准，避免卖方通过**提前回款/延付/压库存**在基准日"美化 NWC"。核心是明确**口径**（含/不含哪些科目）、识别**季节性**、穿透**结构项**。

② 要数据（3 件）

1）36 - 60 期月度 A/R、A/P、库存明细与账龄；

2）预收/预付/票据/往来等结构项；

3）历史现金转换周期（CCC）与政策变更记录。

③ 抽样与测试（怎么做、为什么做）

– **季节性对比**：采用使用**同比（YoY）**或**同类周**比较，避免由简单的月度环比（MoM）指标的误导，有旺季的行业尤需如此。

– **异常波动追溯**：基准日前后 60 天内的异常收付款/发货/采购，逐笔抽查其商业原因，识别"为了基准日而做"的动作。

– **结构项穿透**：对大额预收/票据池/关联往来，核对是否存在**实质性等同债务隐藏在表内外**，并评估回转路径。

④ 分析与模型（P-T-R）

– **设 Peg**：以 **LTM 中位/分位数**设定 NWC Peg，并说明"季节性范围"；Completion 下配 **True-up** 以中和窗口期操纵。

– **去向**：若季节性强且内控一般→偏向 **Completion**；账务稳定/内控强→可选 **LB**，但提高 **Leakage 赔偿**强度。

⑤ 红旗→条款映射

- 交割前集中催收/延付等窗口期操作导致 NWC 畸形 → 营运资本定义与回调机制（写清口径与公式）。

- 显著季节性但 NWC 目标未按季修正 → True-up 机制（季节调整/滚动基线）；偏差通报条款。

- 预付款/押金/其他应收边界不清 → 营运资本定义明确边界；类债项清单并入净债务。

- 存货盘点差异/账实不符 → 交割条件（盘点达标）；存货专项赔偿。

⑥ 模板/条款跳转

A-FDD-06（NWC 分析与 Peg 表）、A-MECH-05（情景与敏感性矩阵）；B-MECH-01/02/06。

6.5 净债务与债务类项目：租赁、保理、或有与受限

① 目的与判断口径

确保 ND 计算**"不漏项、不重计、口径一致"**，同时识别一切**"实质为债"**的义务，避免交割后**"意外冒出债务"**。

② 要数据（3 件）

1) 借款/债券/租赁明细（**IFRS 16/ASC 842** 口径）、担保/保函/抵押；

2) 保理/资产证券化（ABS）/票据池安排与回购义务；

3) 受限现金、未分配股利、欠缴税费/社保个税、环境/诉讼或有负债。

③ 抽样与测试（怎么做、为什么做）

- **银行函证 & 受限核验**：对全部主要账户做函证并抽查受限条款；确认"能否随时动用"。

- **保理回购与追索**：阅读保理合同与补充协议，明确回购触发与表外/表内的会计处理；识别"表外披露、风险留存"的情形。

– **租赁复算**：抽样核对折现率、租期、续租/终止选项的判断；确保 ND 与 EBITDA 的租赁口径一致。

④ **分析与模型（P-T-R）**

– **ND 明细与 Debt-like 调整表**：把每一类义务定性为"债务/债务类/或有"，并测算其对价款与 IRR 的影响。

– **去向**：不确定或潜在义务 →Specific Indemnity（专项赔偿）/Escrow（托管）/Holdback（保留）；常发型小额事项 →De-minimis（最低限度）/basket（一篮子索赔）/Cap（上限）/Survival（存续期）；无法量化的 → **披露+信息权**。

⑤ **红旗→条款映射**

– 保理/票据/供应链金融存在追索 → 类债项并入净债务的定义与价款调整。

– 员工激励/年终奖/社保公积金欠缴未计入 → 类债项清单并入净债务；专项赔偿（人事成本）。

– 需交割后履约的客户预付款（隐含的履约义务） → 并入类债项，或在营运资本定义与调整处理。

– 租赁、或有对价、隐性担保未充分披露 → 陈述与保证；专项赔偿。

– 受限现金/保证金/备用金影响可用性 → 现金定义与可用性条款；先决条件（解除/替换担保）。

⑥ **模板/条款跳转**

A-FDD-07（ND 计算表）、A-FDD-08（Debt-like 底稿）；
B-MECH-02、B-SPEC-02、B-R&W-04。

6.6 价款机制选择：Completion vs Locked-Box

① **目的与判断口径**

以**数据质量×季节性×内控成熟度**作为三维坐标，选择能最大化确定性的定价机制，并量化其对 IRR 的影响区间。

② 适用情景（为什么）

- Completion：当季节性强、窗口期存在"操作空间"，或买方希望分享交割日前改善/恶化时更合适；它用**事后真实数**消化波动。

- Locked-Box：当账册成熟、内控强且在较长的交易窗口期间保持经营稳定时更高效；但必须用 Leakage + Ticking Fee 抵消期间风险。

③ 核心要点（如何落地）

- Completion：写清 NWC/ND 口径、True-up 的计算与时间表、争议解决、审计师角色；并在 SPA 中定义"异常交易"的处理。

- LB：明确定义 Leakage/Permitted、Ticking Fee 算法、经营限制（禁止关联交易/非常规分配）与信息权。

④ 分析与模型（P-T-R）

- 建立"机制选择×IRR"对照：把波动（季节性、ND/Leakage）转换为 IRR 敏感性分析；

- **去向**：若 ND/Leakage 风险高 → 倾向 **Completion** 或 **LB+高强度赔偿**；若信息不透明 → **Terms** 强化信息权与审计权。

⑤ 红旗→条款映射

- 交易期间存在管理费/关联采购/股东提款 → Locked-Box：无泄漏 + 许可泄漏清单 + 泄漏利息；Completion：以真正数回调。

- 许可泄漏范围过宽/监控弱 → 缩窄许可项；信息权/通报义务。

- 基准日至交割的资本开支/营运政策不一致 → 先决条件（交割前经营约束）；陈述与保证（政策一致）。

⑥ 模板/条款跳转

A-MECH-01（Completion 套件清单）、A-MECH-02（Locked-Box 套件清单）；B-MECH-02/04/06。

6.7 现金转换与流动性：CCC 与回款/周转验证

① 目的与判断口径

检验**"利润能不能变现"**。不仅看静态 CCC，更看**回款节奏、库存结构与应付策略**的行为证据，搭建**"OTIF→罚则→现金流"**的通路。

② 要数据（3件）

1) 回款台账（客户/账龄/催收/核销）、供应商条款与应付周转；
2) 库存结构/周转/呆滞与减值计提；
3) 现金流水日志（银行对账、受限资金、内部账户）。

③ 抽样与测试（怎么做、为什么做）

- **同类周比较/同比**：在强季节性的业务中，用**同类周**比较避免"旺季错觉"。

- **现金倒查**：从流水→发票→订单→合同，识别"纸面利润不回款"的断点；并对大额延滞客户做 VoC。

- **应付策略**：分析延付是否带来服务水平协议（**SLA**）**违约/断供**等副作用；延付换来的"短期现金"是否以"长期成本"偿还。

④ 分析与模型（P-T-R）

- **重新计算现金转换周期（CCC）**，并模拟其在熊市情景下（e.g., DSO +10 days / DOH +7days / DPO −5days）对自由现金流（FCF）和内部收益率（IRR）的影响。

- **去向**：Price：现金折扣/IRR 调整；Terms：回款里程碑、应收担保、库存保值与报废分担；Rectify：账期与库存纠偏入 Day-100。

⑤ 红旗→条款映射

- 现金转换弱、回款慢 → 回款里程碑作为交割条件或对赌触发条件；价格/折扣机制与回款挂钩。

- 高呆滞库存/大额预付款占用现金 → 存货处置/回购规则；营运资本定义与回调机制。

- 供应商账期不可持续 → 价格调整/附加费条款；业绩对赌与现金相关指标绑定（现金利润/现金转化率）。

⑥ 模板/条款跳转

A-FDD-09（CCC 分析模板）、A-FDD-10（回款与账期整改包）；
B-CP-12、B-POST-02、B-MECH-03。

6.8 风险→条款映射（总表）

风险/红旗	证据与口径	影响（量化）	去向（P-T-R）	条款/机制挂钩
经常性 EBITDA 低于管理口径	QoE 调整/一次性穿透	估值区间下移	**Price**: 折价；**Terms**: 专项赔偿	B-SPEC-01 / B-R&W-01
提前确认/通道货/返利不足	截点/倒查/返点台账	收入/毛利质量下降	**Terms**: 回款里程碑/折扣上限；**Rectify**: 补提	B-MECH-03 / B-CP-12 / B-SPEC-07
资本化过度/减值不足	资本化抽样/减值复核	经常性 Opex 上移	**Rectify**: 统一政策；**Price** 调整	B-CP-09 / B-R&W-03
NWC 季节性强/结构异常	NWC 分析/结构项穿透	Peg 偏离、价款风险	**Terms**: Completion+True-up；或 LB+高赔偿	B-MECH-01/02/06
ND 口径不一/表外或有	函证/租赁复算/保理回购	价款与现金流风险	**Terms**: 专项赔偿/托管；**Price** 折价	B-SPEC-02 / Escrow
现金转换弱/流动性紧	CCC/流水倒查/OTIF-罚则	IRR 下行/融资压力	**Terms**: 回款里程碑；**Rectify**: 库存/账期纠偏	B-POST-02 / B-CP-12

6.9 Definition of Done（完成标准）

- **≤5 页执行摘要**：经常性 EBITDA 区间、收入真实性结论、NWC Peg 建议、ND/债务类清单、价款机制选择与条款强度建议。

- **附录与底稿**：QoE 调整表、截点与倒查底稿、资本化抽样与减值复核、NWC/ND 计算、CCC 压力测试。

- **Bridge（SSoT）**：每条结论均落桥表并镜像 ModelCell/ClauseRef/Day-100，可追溯至 VDR。

第7章 法律尽调 (LDD + Deal Terms)

本章术语与缩写（中英对照）

术语	英文/缩写	定义与口径/要点	备注
股权购买协议	Share Purchase Agreement（SPA）	交易核心协议，承载价格/机制/陈述保证/赔偿/先决条件等	—
股东协议	Shareholders' Agreement（SHA）	治理与股东权利义务安排	与公司章程（AoA）配套
陈述与保证	Representations & Warranties（R&W）	卖方向买方作出的具有存续期和限制陈述与承诺	搭配披露函
专项赔偿	Specific Indemnity	对已识别事项的专项赔偿	另设上限/存续期
先决条件	Conditions Precedent（CP）	交割前需满足的条件及通过标准	配 Long-Stop
截止日	Long-Stop Date	未满足 CP 时的最晚交割日	触发终止
重大不利变化	Material Adverse Change / Effect（MAC/MAE）	重大不利影响的定义与排除项	触发调整/终止
权属负担	Encumbrance	留置/抵押/质押/担保权益等所有权限制	基于登记
控制权变更	Change of Control（CoC）	因控股权变更触发合同权利/免责/终止	常见于客户/许可
转让/更新	Assignment/Novation	合同权利义务的转移与更新	同意/通知规则
信息权/审计权	Information/Audit Rights	持续性披露与核查权	与高风险条款配套
员工股票期权计划/期权/限制性股票单位	Employee Stock Option Plan（ESOP）/Option / Restricted Stock Unit（RSU）	员工股权激励与行权/加速兑现	按完全摊薄计算
信誉良好	Good Standing	注册/年检/税务等处于合规状态	登记可查
优先购买权/随售权/拖售权	Right of First Refusal （ROFR）/Tag-Along/Drag-Along	股东之间股权转让安排	与 SHA/AoA 配套
并购审查	Merger Control	反垄断/经营者集中申报制度	涉门槛需申报
最终受益所有人	UltimateBeneficial Owner （UBO）	最终受益所有人识别	反洗钱/客户识别
反贿赂和反腐败	Anti-Bribery & Anti-Corruption （ABAC/FCPA/UKBA）	反贿赂反腐败合规体系	礼品/招待/第三方

67

术语	英文/缩写	定义与口径/要点	备注
制裁名单	Sanctions/OFAC/SDN	禁止或受限交易对象/地区	需筛查
出口管制	Export Controls (EAR/ITAR/EU)	受控物项/技术/软件的出口与转移	ECCN 分类
反垄断/竞争法	Antitrust/Competition law	禁止垄断协议/滥用支配、经营者集中/并购审查	抢跑风险 (Gun-jumping risk)
隐私与数据	GDPR/CCPA/PIPL	个人信息与数据跨境规则	SCC/DPIA/同意
信息安全	ISO 27001/SOC 2	信息安全管理标准和认定	控制成熟度
知识产权（专利/商标/版权/商业秘密）	Intellectual Property（IP）(Patent/Trademark/Copyright/Trade Secret)	权利清单、许可与侵权	自由实施 (FTO)/开源合规
环境健康安全	Environmental, Health & Safety（EHS）	环评/排污/职业健康与安全	REACH/RoHS/危险品
披露函	Disclosure Letter	卖方对 R&W 的逐项披露	限定责任
W&I 保险	Warranty & Indemnity Insurance	用保险转移 R&W 风险	与免赔额/除外配套

本章要点

- **目标与主线**：核验"权属是否清晰、合规是否达标、关键合同是否可执行"，并把每条发现落到 P-T-R（三去向：价格/条款/整改） 与 Bridge（SSoT），可追溯至模拟数据室（VDR）。

- **重要性顺序**：首先**存量风险可否阻断交易/持续经营**（许可/资质、重大诉讼、所有权/担保），其次检验**合同可执行性与变更限制**（控制权变更，转让/更新），最后**制度性合规**（反腐/制裁/数据/出口/反垄断/EHS）。

7.1 公司治理与权属：股权/控制/负担与限制

① 目的与判断口径

核验**股权与控制链条**是否清晰、**权属负担**是否存在、**公司治理**是否合规有效，确保标的能被**合法地转让与控制**。

② 要数据（3件）

1）公司章程，历次股东/董事会决议与股权变更材料；

2）完全稀释（Fully-diluted）股权结构表与 ESOP/期权协议；

3）留置/质押/抵押/担保登记及解除路径。

③ **抽样与测试（怎么做、为什么做）**

– **登记核查**：公司登记机关/商事登记/抵押质押公示系统核验**实收资本/股东/高管/担保登记**——权威记录胜过口述历史。

– **链条穿透**：自目标公司上溯至最终受益所有人（UBO）；匹配股东名册、资本公积/出资证明、历史出资到位/减资和银行证据，识别隐名代持/实缴不足。

– **负担解除路径**：抽查 Top 资产/股权质押，制定**偿债/赎回/注销**时间表与必要先决条件。

④ 分析与模型（P-T-R）

– **权属清晰度评分**：以"**登记一致性/负担完整性/治理有效性**"三轴评分，并将**交割可达性**参数输入模型。

– **去向**：存在未解除的质押/担保 → **CP**：解除/替代担保并提交注销证明；无法达成 → **Price** 折价或 Escrow（托管）；治理缺陷 → **Day-100**（章程修订/备案）。

⑤ **红旗→条款映射**

—— 未解除的质押/抵押/担保或其他权属负担 → 先决条件（解除/注销/同意函）；专项赔偿；陈述与保证（权属完整、无负担）。

—— 股权/控制链条不清、隐名代持或 UBO 未核实 → 陈述与保证（权属与控制真实、完整）；披露函；信息权与持续披露义务。

—— 需股东/第三方同意（优先购买权、随售权/拖售权、国资/外资备案等）→ 同意/备案先决条件；附函。

—— 章程与授权瑕疵（决策超越权限/治理无效）→ 陈述与保证

（治理有效）；交割后整改承诺。

— 历史权属登记与内部台账不一致→ 陈述与保证（登记一致性）；先决条件（修正/更正登记）。

⑥ 模板/条款跳转

A-LDD-01（股权与担保核对清单）、A-MECH-03（权属 CP 包）；B-R&W-T1（权属陈述）、B-SPEC-T1（遗留担保）。

7.2 重大合同与商业安排：可执行性/限制与存续风险

① 目的与判断口径

确认**关键合同**（前 20 客户/供应商、渠道、独家/排他、技术授权、融资担保等）的**可执行性与限制条款**，识别**控制权变更（CoC）/转让/ MFN /排他/竞业禁止**等对交易与经营的影响。

② 要数据（3 件）

1）Top 合同文本及全部附件/补充协议；

2）合同台账（起止/续期/终止/违约/关联方标识）；

3）履约证明（发票/收据/验收单）以确保合同真实。

③ 抽样与测试（怎么做、为什么做）

– **一致性三角**：合同→订单/发货/验收→发票/收据，一致性核对以排除"纸面合同"。

– **限制条款**：对于控制权变更（CoC）/转让/债务更新/最惠国待遇/排他性/竞业禁止，构建触发条件 → 后果 → 补救措施映射，以了解交易如何相互作用。

– **续期刚性**：抽样自动续期/最低采购/终止通知期，识别"名义长期、实为短期"的伪刚性。

④ 分析与模型（P-T-R）

– **合同稳健性**：输出**"存续概率×利润贡献"**矩阵，并在模型设置**跌落情景**（失去 Top-1、转让未批、MFN 触发）。

– **去向**：关键合同需同意/重签 → **CP** 或 **Side Letter**（附函）；

MFN 与提价冲突 → **Terms** 设分层库存单位/捆绑；无法缓释 → **Price** 折价。

⑤ 红旗→条款映射

— 关键合同含控制权变更（CoC）/转让/更新限制且未满足 → 以同意/重签作为 CP(先决条件)；Side Letter；过渡期经营限制承诺。

— MFN/排他/竞业条款与交易后定价或渠道冲突 → 例外/豁免安排；信息与通知义务；持续审计权。

— "纸面合同"与履约证据不一致 → 陈述与保证（真实、完整、有效）；专项赔偿；信息/审计权追踪执行。

— 自动续期弱或提前终止权强，影响存续性 → 信息/通知义务；过渡期经营限制承诺；必要时以重签作为先决条件。

— 合同担保/连带责任暴露 → 专项赔偿；陈述与保证；解除/替代担保作为先决条件

⑥ 模板/条款跳转

A-LDD-02（重大合同限制表）、A-CDD-04（合同一致性清单）；B-CP-12（同意/重签 CP）、B-MECH-05（里程碑）。

7.3 许可资质与监管合规：行业准入/审批/持续义务

① 目的与判断口径

确认**必须持有的牌照/许可**是否完备有效、是否存在**变更/吊销/年检**风险，以及 **CoC/实控变更**对许可的影响。

② 要数据（3 件）

1) 许可证清单（编号/范围/有效期/监管机关）；

2) 监管年检/罚单/整改记录；

3) 并购审批的申报路径与案例说明。

③ 抽样与测试（怎么做、为什么做）

– **门户核验**：在监管门户/公示系统核对证照真实与范围，防"过期或越界经营"。

‒ **并购申报路径**：绘制"**申报路径×时间窗**"地图，评估对 Long-Stop（截止期限）的影响。

‒ **持续义务**：抽查年检/培训/报告义务的达成情况，识别"形式合规"。

④ **分析与模型（P-T-R）**

‒ **许可可达性**：以"**是否可转移/是否需重办/是否依赖实控人**"分级，给出**通过概率与时间估计**；

‒ **去向**：不确定许可 → **强 CP + Long-Stop**；需重办且影响收入 → **Price** 折价 +**Earn-out**（业绩对赌）；常规缺口 → **Day-100** 清单。

⑤ **红旗→条款映射**

— 核心许可受 控制权变更（CoC） 影响需变更或重办 → 监管审批作为先决条件；截止日与终止机制；过渡期经营限制承诺。

— 证照过期/越界经营或范围不足 → 专项赔偿；交割前达标的先决条件；陈述与保证（持续合规）。

— 申报路径/时限不确定，影响交割时间窗 → 截止日与终止机制；信息/通报义务。

— 年检/培训/报告等持续义务缺口 → 合规改造承诺；陈述与保证（持续履行）。

⑥ **模板/条款跳转**

A-LDD-03（许可核验表）、A-MECH-03（监管 CP 套件）；B-CP-03（审批 CP）。

7.4 诉讼/仲裁/调查与或有负债

① **目的与判断口径**

识别**已决/未决/潜在**争议与调查，评估**败诉概率×金额×时间**，穿透**保险覆盖与免赔额**，形成**或有负债**视图。

② **要数据（3 件）**

1）律师函/法律意见及案件台账（标的/阶段/代理/保全）；

2）保险保单（范围/限额/免赔/追溯期）；

3）近三年监管调查/罚单与整改。

③ 抽样与测试（怎么做、为什么做）

- **多源检索**：法院/仲裁/执法公开系统 + 新闻数据库 + 律师函，防"选择性披露"。

- **概率带**：与外部律师沟通"胜/平/负"的**贝叶斯区间**，统一口径。

- **保险穿透**：核对保单除外责任、追溯期与限额是否覆盖争议实质。

④ 分析与模型（P-T-R）

- **损失分布**：给出 P50/P90 损失分布估计与时间，嵌入 IRR 敏感性分析；

- **去向**：Specific Indemnity（专项赔偿）/Escrow（托管） 覆盖尾部风险；系统性合规缺口 → **W&I 排除** + 过渡期经营限制承诺（Covenant）；不可量化 → **披露** + **信息权**。

⑤ 红旗→条款映射

— 在审/潜在重大争议或索赔 → 专项赔偿 +托管/保留；陈述与保证（充分披露、无重大未披露）；信息/审计权。

— 保险覆盖不足/除外责任导致补偿缺口 → 先向保险索赔的优先顺位条款；差额由卖方承担的专项赔偿。

— 正在接受行政/刑事调查 → 披露函限定责任；重大不利变化（MAC）/重大不利影响（MAE） 触发与终止权；信息/通报义务。

— 损失难量化且尾部风险显著 → 信息/审计权；陈述与保证（存续期与除外安排）；必要时托管/保留。

⑥ 模板/条款跳转

A-LDD-04（争议台账模板）、A-MECH-04（Escrow 参数表）；

B-SPEC-L1、B-R&W-L1。

7.5 雇佣/人事与激励：合规/争议/关键人员稳定

① 目的与判断口径

确保**劳动用工合规、激励契合业务目标、关键人员稳定**，防范群体性与关键人员流失风险。

② 要数据（3 件）

1) 劳动合同/手册/集体协议与外包用工清单；
2) 五险一金/社保个税合规台账与补缴记录；
3) 关键人员协议（竞业禁止/保密/股权激励/加速条款）。

③ 抽样与测试（怎么做、为什么做）

– **合规抽样**：按地区/工种/雇佣类型分层抽样劳动合同与工资单，核对是否存在"口头用工/外包替代"。

– **社保个税**：抽查补缴与滞纳金记录，评估历史欠缴的**尾部风险**。

– **关键人员粘性**：核对竞业禁止/归属/加速与控制权变更（CoC）的关系，评估交割后**激励失效**的风险。

④ 分析与模型（P-T-R）

– **合规缺口成本化**：测算补缴与罚款区间；

– **去向**：系统欠缴 →Specific Indemnity（专项赔偿）/Escrow（托管）；关键人员激励失效 → Terms（重新授予/留任协议），或 Price 折价；群体性风险 → Day-100 合规整改路线图。

⑤ 红旗→条款映射

— 系统性社保/个税欠缴或外包用工合规不足 → 专项赔偿 + 托管/保留；陈述与保证（合规）；交割后整改承诺。

— 关键人员竞业/保密/激励在 控制权变更（CoC）下失效 → 留任/再授予协议；经营与信息义务；必要时 Side Letter。

— 群体性劳资争议或重大劳动仲裁 → 专项赔偿；陈述与保证（无重大未披露）；信息/审计权。

— 离岸/外籍雇佣安排不合规 → 陈述与保证；合规承诺；专项

赔偿。

⑥ **模板/条款跳转**

A-LDD-05（雇佣合规抽样清单）、A-MECH-06（留任与再授予包）；
B-R&W-H1、B-SPEC-H1。

7.6 知识产权、IT 与数据：权利、合规与安全

① **目的与判断口径**

确认 **IP 权属完整可用、许可链条清晰、数据合规与网络安全**达标，避免侵权/罚款/停摆。

② **要数据（3 件）**

1) 知识产权台账（专利/商标/著作权/域名/商业秘密与授权链；

2) 第三方/开源软件清单（许可与合规报告）；

3) 数据台账（目的/范围/跨境路径）、安全体系（ISO27001/SOC2）与事件记录。

③ **抽样与测试（怎么做、为什么做）**

– **权属与链条**：随机抽 IP 资产，核对申请/注册/转让/授权链与雇佣发明归属；

– **开源与第三方**：扫描高风险仓库，核对许可证相容性（Copyleft 风险）和告知义务；

– **数据与安全**：抽样 DPIA（Data Protection Impact Assessments）/同意记录/跨境合同（SCC）；数据最小化和保留测试；抽测事件响应和渗透测试补救。

④ **分析与模型（P-T-R）**

– **可用性评分**：按"权属完整/许可充分/数据合规/安全成熟"打分；

– **去向**：发现 FTO (Freedom to Operate)/ OSS (Open-Source Software)高风险 → **系统集成商(System Integrator)托管 /代码 (Code)托管**；数据跨境不合规 → **CP**（整改/备案）+ **Day-100** 路

线；不可改 → Price 折价或范围剥离。

⑤ **红旗→条款映射**

—— 核心 IP 权属链条缺口或可用性存疑 → IP 专项的陈述与保证；专项赔偿；完善/确认的先决条件。

—— 开源软件（OSS）许可证不兼容或未披露 → OSS 合规声明；专项赔偿；代码托管安排（Code Escrow）。

—— 数据跨境/合法性/同意记录缺口 → 数据合规先决条件（备案/合同/本地化）；整改承诺；陈述与保证（合规）。

—— 信息安全体系不达标或审计缺失 → 网络安全承诺（维持/改造）；信息/审计权；安全事件通知义务。

⑥ **模板/条款跳转**

A-LDD-06（IP/OSS 抽样表）、A-LDD-07（数据合规核对表）；B-R&W-IP、B-SPEC-IP、B-CP-DATA。

7.7 贸易合规与竞争法：反腐败/制裁/出口/反垄断

① **目的与判断口径**

识别**高风险国家/名单/用途**，核查**反腐败/制裁/出口管制**与**竞争法**合规框架及其执行，避免刑事/民事责任与业务中断。

② **要数据（3 件）**

1）第三方尽职调查与筛查（客户/供应商/代理）；

2）出口分类与许可台账（ECCN(Export Control Classification Number)/管制清单/最终用途/最终用户）；

3）合规政策/培训/举报/调查记录和反垄断控制（无价格勾结/信息交换）。

③ **抽样与测试（怎么做、为什么做）**

- **名单筛查回放**：抽历史交易，对 OFAC/EU/UN 名单做**事后回放**，验证系统有效性；

- **出口分类重算**：抽关键物项，复核 ECCN 与许可证；

– **竞争敏感性分析**：抽查行业协会互动/经销政策，核对是否存在价格协同/敏感信息交换记录。

④ **分析与模型（P-T-R）**

– **风险分层**：按国家/行业/产品/渠道打分；

– **去向**：高风险 → **条款限制交易地域/用途**，或设停运（Stop-ship）**触发条件**；制度缺口 → **承诺 + Day-100**（建立 ABAC/KYC 流程）；调查在身 →专项赔偿（Specific Indemnity） + **托管（Escrow）**。

⑤ **红旗→条款映射**

— 交易对象/用途/地区触及制裁或名单 → 贸易合规承诺（禁止/限制）；停供/止付触发条件；终止权/重大不利变化（MAC）。

— 出口分类错误或许可缺失 → 取得/更正的先决条件；信息/审计权；专项赔偿。

— 反垄断申报门槛触发或抢跑风险 → 并购审查申报作为先决条件；截止日/终止；过渡期经营限制承诺。

— 第三方经销/代理尽调与 ABAC/KYC 机制薄弱 → 合规承诺；信息/审计权；专项赔偿。

⑥ **模板/条款跳转**

A-LDD-08（制裁/出口核对表）、A-MECH-07（并购审查申报路径表）；B-CP-ANTI、B-COV-TRADE、B-MAC-01。

7.8 EHS 与不动产/资产：许可/现场/事故与责任

① **目的与判断口径**

确认生产/仓储/运输/排放等 EHS **许可**完备，现场**危害与事故**记录透明，有**整改与保险**兜底；不动产/租赁**权属清晰**。

② **要数据（3 件）**

1）环评/排污/危化许可与监测报告；

2）事故/处罚/整改台账与保险；

3）不动产权证/租约/抵押与环境尽调报告。

③ 抽样与测试（怎么做、为什么做）

– **现场核查**：抽样车间/仓库/危化间，核对"三同时"与应急预案；

– **历史事故穿透**：核对事故调查与整改闭环、保险理赔；

– **土壤/租约负担**：对工业地块抽样环境评估；核对租约限制/维修义务/担保登记。

④ 分析与模型（P-T-R）

– **责任估计**：对整改与罚款做 P50/P90 潜在成本区间；

– **去向**：重大隐患 → CP（达标再交割）；可量化 →Specific Indemnity（专项赔偿）/Escrow（托管）；不可量化但概率低 → **披露+信息权**；涉及资产权属 → **Price** 折价或剥离。

⑤ 红旗→条款映射

— 核心 EHS 许可缺失或超范围生产 → 交割前整改达标作为先决条件；EHS 陈述与保证；终止权。

— 重大隐患/事故历史未闭环 → 专项赔偿 + 托管/保留；保险维持承诺；事故通报义务。

— 土壤/环境污染或修复责任不清 → 专项赔偿；不动产权属与环境作为陈述与保证；范围剥离/排除安排。

— 物业权属/租约限制/担保登记影响使用 → 权属与无负担的陈述与保证；解除/更正的先决条件；租约承接/更新安排。

⑥ 模板/条款跳转

A-LDD-09（EHS 抽样清单）、A-LDD-10（不动产与租约核对表）；B-R&W-EHS、B-SPEC-EHS、B-CP-EHS。

7.9 风险→条款映射（总表）

风险/红旗	证据与口径	影响（量化/定性）	去向（P-T-R）	条款/机制挂钩
股权质押/担保未解除	登记/合同/银行函	交割不可达/控制权不稳	**CP**：解除并注销；不可达→**Price/Escrow**	Title R&W / Specific Indemnity
关键合同需同意或 MFN 冲突	合同条款与执行证据	收入不确定/毛利压缩	**CP/Side Letter**；或 **Price** 折价	Consent CP / MFN carve-out
许可不确定/需重办	门户核验/咨询备忘	经营中断/时间风险	**强 CP + Long-Stop**；必要时 **Earn-out**	Regulatory CP / Termination
重大争议尾部风险	律所函/保险除外	FCF 下行/IRR 压力	**SI + Escrow/Holdback**	Specific Indemnity
社保个税欠缴/群体性风险	台账/执法记录	一次性成本/名誉风险	**SI**；Day-100 整改	Employment R&W
IP/OSS/数据合规缺口	注册/扫描/DPIA	法务/停摆/罚款	**CP/Day-100**；不可改→**Price Covenant/Stop-ship**；调查→**SI**	IP R&W / Data CP
制裁/出口/竞争法暴露	筛查/许可/合规记录	刑事/禁供/罚款		Trade Covenant / MAC
EHS 隐患或不动产权属瑕疵	现场/评估/登记	事故/停产/修复成本	**CP/ SI**；严重→**Price** 或剥离	EHS CP / Title R&W

7.10 Definition of Done（完成标准）

- **≤5 页执行摘要**：关键许可/合同/争议/合规与其 P-T-R 落地；并购申报路径与时间窗；条款强度建议。

- **附录与底稿**：股权与担保核对清单、重大合同限制表、许可清单与门户核验截图、争议与保险台账、雇佣与社保抽样、IP/OSS 扫描与数据合规核对、制裁/出口核对、EHS 与不动产核查。

- **Bridge（SSoT）**：每条发现均镜像 **ModelCell/ClauseRef/Day-100**，证据可复演（来源/时间/范围/取证人/Hash）。

第 8 章 交易机制与交割整合
(W&I/R&W+Deal Mechanics+Day-1/TSA/100 天)

本章术语与缩写（中英对照）

术语	英文/缩写	定义与口径	备注
陈述与保证	Representations & Warranties（R&W）	卖方向买方作出的事实陈述与保证，违约触发赔偿	搭配披露函
专项赔偿	Specific Indemnity（SI）	针对已识别事项的专项赔偿	单列限额/存续期
保证与赔偿保险	Warranty & Indemnity Insurance（W&I）	第三方保险覆盖 R&W 风险	免赔/除外
先决条件	Conditions Precedent（CP）	交割前需满足的条件与通过标准	配 Long-Stop
重大不利变化/影响	Material Adverse Change/Effect（MAC/MAE）	重大不利变化的定义与排除	与终止/调整挂钩
过渡期经营限制	Interim Operating Covenant	签约至交割期间的经营边界	避免抢跑风险
清洁团队	Clean Team	反垄断前提下可共享敏感数据的隔离机制	受限的范围/用途
抢跑	Gun-jumping	未获批准前实质控制或协同行为	监管高风险
过渡服务协议	Transition Services Agreement（TSA）	卖方向标的提供过渡期服务的协议	亦可出现反向 TSA
服务目录与 SLA（Service Level Agreement）	Service Catalog & SLA	TSA 服务清单、指标与赔偿机制	计费与退出条款
Day-1 切换手册	Day-1 Runbook	交割日即时切换的步骤与检查表	系统/账户/授权
整合管理办公室	Integration Management Office（IMO）	统筹整合的 PMO	节奏与治理
100 天计划	Day-100 Plan	交割后首期整合与价值实现计划	KPI/里程碑
专家裁定	Expert Determination（ED）	机制争议的快速裁定程序	与仲裁区分
不惜代价的义务	Hell-or-High-Water obligation（HoHW）	尽最大努力完成关键审批/资产剥离的义务	常见于控股权收购

本章要点

- **目标与主线**：把"交易如何定价并完成""风险如何以 R&W/W&I/SI 等条款化与保险化""如何实现 Day-1 平稳切换与 100 天价值落地"三件事做成**可复演、可度量、可执行**的闭环，并在 Bridge（SSoT）中一一镜像到 ModelCell/ClauseRef/Day-100。

8.1 交易机制 （Deal Mechanics ）总览：EV→EqV 桥、LB vs Completion、Sources & Uses

① **目的与判断口径**

建立**可复演**的定价桥与现金流安排，并明确 "NWC/Net Debt/非经常性" 的**定义与包含/排除**，选择 LB 或 Completion，并与整合节奏匹配。

② **要数据（3 件）**

1) 最新审计/管理账与会计政策备忘；

2) 近 12‐24 个月 NWC 组件与季节性因素；

3) 债务/租赁/票据/保理/或有对价台账。

③ **抽样与测试**

– **口径回放**：按合同定义重算 NWC/Net Debt（IFRS16/ASC842，保理、票据与税项），防止"模型≠合同"。

– **季节性箱线图**：设置合理的挂钩（Peg）和防护装置。

– **类债务穿透**：准备金/应付未开票/员工福利等隐性债务抽查。

④ **分析与模型（P-T-R）**

– **桥表加固**：在模型中嵌入 EV（Enterprise Value）→EqV（Equity Value）、WC/ND、非经常性成本，并标注条款参考标签（ ClauseRef）；

- **去向**：口径差异 → **Definitions + ED**(Expert Determination)；季节性强 → **Peg（挂钩）区间**；类债务数量大 → **Price** 折扣或专项赔偿 。

⑤ **红旗→条款映射**

— NWC/净债务/非经常性定义与模型不一致 → 定义附表；真正数回调；专家裁定（ED）。

— 季节性强却未体现在 Peg(挂钩)/缓冲 → 真正数回调；采用季节性方法的挂钩区间；披露与例外清单。

— 类债项未被捕捉 → 定义附表；价款调整（包括在净债务中）；披露不足转专项赔偿或价格。

— 非经常性项目未充分披露 → 披露函与例外清单；专项赔偿或价格调整。

— Locked-Box/Completion 选择与整合节奏不匹配 → 机制明确化：Locked-Box（无泄漏/许可泄漏/利息）或 Completion（真正数回调）。

⑥ **模板/条款跳转**

A-MECH-01（EV→EqV 桥）、A-MECH-02（NWC/ND 定义）、A-MECH-03（Peg 模型）。

8.2 R&W / SI / W&I：承保范围、限额结构与保险衔接

① **目的与判断口径**

通过 **R&W（广覆盖）+ SI（点对点）+ W&I（转移尾部）** 的组合，实现**风险/成本/交易速度**的最优解。

② **要数据（3 件）**

1）R&W 草案与披露函；

2）已识别事项与金额区间；

3）W&I 术语、除外清单、保费与 Retention（保留）。

③ **抽样与测试**

- **披露一致性**：披露函与 VDR 证据闭环；

- **除外核对**：W&I 常见除外（TP(Transfer pricing)）、环境、养老金、已知事项等）与 SI (Synthetic Indemnity)的 coverage（承保范围）的互补；

– 触发和过程测试：通知窗口，举证，损失计算，"不得双重赔偿"原则。

④ **分析与模型（P-T-R）**

-**Limit stack（限额结构）**：De-minimis（最低限度）/篮子（临界点或免赔额-Tipping or Deductible）/ Per-claim & Aggregate Cap **（每次索赔和累计上限）**/Survival（存续期），与风险热力地图保持一致；

※**Limit stack 指**并购交易中的陈述和保证（R&W）保险决定赔付方式和时间的门槛和上限的等级。

- **去向**：高尾部风险 → **SI+Escrow**；普遍小额 → **R&W+Basket**；可保险 → **W&I**；不可保险 → **Price/剥离**。

⑤ 红旗→条款映射

— 大量小额普遍性风险 → 一般性陈述与保证；最低限度/门槛/篮子（不写参数）；保险可行时纳入 W&I。

— 已识别的高尾部/不可保险事项 → 专项赔偿；配套托管/保留金；必要时价格或剥离。

— R&W 覆盖范围与披露不匹配 → 通过披露函确认责任；未披露事项→专项赔偿。

— 保险除外或免赔额过高 → 专项赔偿或托管/保留；或重新校正 R&W 范围。

— 存续期/上限与风险错配 → 调整存续与限额结构；超尾部→专项赔偿或价格。

⑥ **模板/条款跳转**

A-MECH-10（赔偿限额矩阵）、A-MECH-11（W&I 条款清单）。

8.3 签署→交割：合规边界、先决条件/重大不利变化、过渡期与清洁团队

① 目的与判断口径

在不触发**抢跑风险**的前提下为整合做准备，确保**先决条件可达、过渡期行为受控、敏感信息隔离**。

② 要数据（3件）

1) 审批/同意/许可清单与时间窗口；
2) 过渡期经营计划与预算；
3) 清洁团队协议与数据目录。

③ 抽样与测试

- **先决条件可达性**：对每一先决条件明确通过标准、责任人与替代路径；
- **过渡期审计**：预算偏差/关联交易/人事变动的阈值；通知与同意流程；
- **清洁团队演练**：敏感数据最小化、只读/脱敏与用途限制。

④ 分析与模型（P-T-R）

- **关键路径**：时间线与下行情景的截止期限。
- **去向**：审批不确定 → HoHW + Long-Stop；过渡期敏感 → 过渡期经营限制；隔离机制失效风险 → **信息权+违约救济**。

⑤ 红旗→条款映射

— 关键审批/同意不确定 → 先决条件+截止期限；必要时分步交割或替代安排；终止权/挂钩重大不利变化（MAC）。

— 过渡期行为易越界（价格、人事、关联交易） → 过渡期经营限制；信息/通报义务；豁免清单。

— 需要共享敏感数据存在抢跑风险 → 清洁团队协议；脱敏/聚合输出；用途限制与违约救济。

— 先决条件责任不清/无替代路径 → 先决条件清单化（通过标准/责任人/进度报告）；信息权与最大努力义务。

⑥ **模板/条款跳转**

A-MECH-12（CP 关键路径）、A-MECH-13（Interim 基线）、A-CT-01（Clean Team 包）。

8.4 Day-1 切换：切换手册、授权与系统/账户

① 目的与判断口径

确保在**交割日**实现**"控制权安全交接、业务不中断、合规与安全到位"**。

② 要数据（3 件）

1）Day-1 切换手册（人/系统/流程/场地）；

2）授权与职责矩阵（DOA/RACI）；

3）IT 账户/身份/访问，核心应用，金融账户切换清单。

③ 抽样与测试

– **四眼交接**：现金/银行/U 盾/印章/支票簿，交接现场见证与影像存档；

– **身份与访问**：SSO/AD/关键业务系统的开户/禁用/权限模板演练；

– **通讯手册**：与员工/客户/供应商/监管机构进行有序沟通。

④ 分析与模型（P-T-R）

– **零点窗口**：明确"冻结窗口/替代方案/应急联系人"；

– **去向**：关键切换项不可达 → **CP** 或 **临时性 TSA**；安全风险升高 → 强化日志与审计的承诺；超预算（限特定情形） → **Price** 调整。

⑤ 红旗→条款映射

— 交割交付物不完备（账户/印鉴/系统权限/合同原件） → 交割交付清单；缺项暂停放款/顺延交割；必要时计收 滴答费（Ticking Fee）。

— 访问与安全权限配置失误 → 访问与安全承诺；审计日志与应

急冻结；误配纠正时限。

— 关键流程无回退方案或窗口 → 应急与回退条款（RTO
（Recovery Time Objective）/RPO（Recovery Point
Objective）、冻结窗口、联系人）；费用承担。

— 当日无法切换的系统/账户 → 纳入 TSA（服务项/期限/退出）。

⑥ **模板/条款跳转**

A-D1-01（Runbook 模板）、A-DOA-01（授权矩阵）、A-IT-01（访问清单与应急预案）。

8.5 TSA：服务目录、计费与退出

① **目的与判断口径**

以**可量化的服务目录与 SLA 保障业务连续性**，并通过**定价与退出机制**避免"永久过渡"。

② **要数据（3 件）**

1) 服务目录（应用/基础设施/后台职能）；

2) SLA/KPI（可用性/响应/修复/结账周期等）；

3) 计费（成本+/市场价）、治理（月度评审/升级路径）与退出里程碑。

③ **抽样与测试**

– **基线证明**：关键服务的历史表现与容量；

– **成本分摊与发票**：固定/可变/阈值逻辑；税收处理。

– **退出演练**：按里程碑做"**影子运行→并行→切换**"演练。

④ **分析与模型（P-T-R）**

– **成本与风控**：TSA 现金流写入 CCC/EBITDA 敏感性分析；

– **去向**：达标偏低 → **服务积分（Service Credit）/罚则**；长期依赖 → **价格上限和硬停止**；无法退出 → **整改（替代服务/外包）**。

⑤ 红旗→条款映射

— 服务范围边界不清/SLA 不可验证 → 服务目录与 SLA；服务报告与原始日志；未达标触发服务积分（Service Credit）。

— 计费基础与税务处理有争议 → 计费与税务条款（对账、发票、上限、税负变化调整）；账单争议处理流程。

— 过渡期间依赖过强、退出困难 → 退出与硬停止机制（里程碑/降阶计费/违约金）；替代方案（外包/自建）。

— 历史基线不足以支撑 SLA → 基线证明义务；不达标触发整改/升级路径或价格调整。

⑥ 模板/条款跳转

A-TSA-01（服务目录与 SLA）、A-TSA-02（计费与税务）、A-TSA-03（退出计划）。

8.6 100 天计划：IMO、KPI 与价值抓手

① 目的与判断口径

在**安全合规**前提下，以 **收入/成本/现金**三个价值抓手制定 100 天行动。

② 要数据（3 件）

1) IMO 组织与节奏（周会/月会、治理闭环）；

2) KPI 结构（NDR/ Gross-margin /OEE/OTIF/CCC/ENPS 等）；

3) 里程碑项目甘特图与资源约束。

③ 抽样与测试

- **收入**：价格纪律/折扣权限/交叉销售试点；

- **成本**：销售与运营计划/瓶颈缓解/采购整合；

- **现金**：DSO/DOH/DPO 改善与发票合规抽查。

④ 分析与模型（P-T-R）

- KPI→IRR：把三个抓手的改进幅度写入模型敏感性分析；

- **去向**：高度依赖卖方→ **TSA 或 过渡期承诺**；重大资本支出 → **CP 或里程碑条款**；执行风险高 →专项赔偿或 **Price** 调整前置。

⑤ 红旗→条款映射

— 100 天抓手执行乏力 → 交割后承诺与汇报（按里程碑验收）；信息/审计权；整改与升级路径。

— 释放条件与价值实现脱节 → 与 KPI 绑定的释放/保留；禁止规避与异常剔除规则。

— 高依赖卖方协同 → 纳入 TSA（服务/期间/退出）；或以附函固化责任。

— 重大资本支出或系统切换影响现金/时间线 → 设 CP/里程碑或价格调整前置；必要时设置延期触发机制。

⑥ 模板/条款跳转

A-IMO-01（IMO 治理包）、A-100-01（100 天抓手库与里程碑表）

8.7 争议分流与释放流程：专家 / 仲裁 / 托管

① 目的与判断口径

把**机制类争议**（NWC/ND/Leakage/True-up/TSA billing/Earn-out）与**责任类争议**（R&W/SI/ breach damages）分流；前者走 **Expert**，后者走**仲裁/法院**；明确 **Escrow/Holdback/W&I** 的释放流程。

② 要数据（3 件）

1）专家机构与规则；

2）仲裁条款（地点/规则/法律选择）；

3）托管协议（触发/释放/利息归属）。

③红旗→条款映射

— 机制类与责任类争议未分流 → 专家裁定处理机制类；仲裁/法院处理责任类。

— 托管/留置释放路径不清 → 释放流程（先后顺序/在途争议冻结/分层释放）。

— 抵销与利息约定不明确 → 不得抵销与违约利息；银行作业与凭证要求。

—保证与赔偿、托管和合同赔偿之间的优先顺序不明确 → 保险优先赔偿；差额由卖方承担；不得双重赔偿。

④模板/条款跳转

A-MECH-14（分流与时间线）、A-MECH-15（Escrow Release 瀑布）。

8.8 风险→条款/项目映射（总表）

风险/红旗	证据与口径	影响	去向（P-T-R）	条款/机制/项目
NWC/ND 定义不清或模型口径不一	定义表/重算	交割后争议	Terms: Definitions + ED	Definitions / ED
审批不确定与枪跳风险	审批路径/行为审计	交割不可达/罚款	HoHW + CP + Interim	CP / HoHW / Interim
Day-1 切换失败（账户/系统/沟通）	Runbook/演练	业务中断/安全事故	CP/TSA 或 Covenant + Day-1	Closing Deliverables / TSA
TSA 服务质量低/退出困难	SLA/计费/并行演练	现金与效率受损	Service Credit/Hard Stop/Exit Plan	TSA 套件
100 天执行乏力	IMO/KPI/资源	价值兑现延迟	Post-close Undertakings + 信息权	IMO/100 天计划
高尾部风险不可保险	法务/除外	IRR 尾部下行	SI + Escrow 或 Price/剥离	SI/Escrow

8.9 Definition of Done（完成标准）

- **≤5 页执行摘要**：Deal Mechanics 选择（LB/Completion）与理由、R&W/SI/W&I 结构、CP 路径与 HoHW、Day-1 Runbook 与 TSA 设计、100 天价值抓手与 KPI。

- **附录与底稿**：EV→EqV 桥表与定义、Peg 模型、R&W/披露与赔偿矩阵、审批清单与 Clean Team 包、Day-1 Runbook/DOA/访问清单、TSA 服务目录与 SLA、IMO/100 天抓手与里程碑表、ED 与释放瀑布流程图。

- **Bridge（SSoT）**：每条机制与数字在 **ModelCell/ClauseRef/Day-100** 中可追溯（来源/时间/范围/取证人/版本 Hash）。

附录 A | 模板与表单库

目录

通用说明（适用于所有 A-模板）

- **通用元数据**：DealName | Version | Owner | Reviewer | 日期 | 状态（草拟/复核/冻结）
- **镜像字段**：ModelCell | ClauseRef（指向 B…） | Day100Task（若适用）
- **证据留痕**：EvidenceID | VDRPath | 导出时间 | Hash | 取证人/日期
- **打分字段**（如适用）：Impact（金额或百分点区间） | Probability | Heat（I×P×H）

A-CORE（Bridge / One-Slide / 证据与评分）

A-CORE-01 | Bridge / SSoT 快照（模板页）

用途：统一口径展示"投资假设 ↔ 证据 ↔ 价格/条款变化"的单页快照，过 Gate 必更新。

字段字典

- 基本：DealName | Version | Owner | 日期

- 假设块：Hypothesis（一句话）｜Confidence（高/中/低）
- 证据块：EvidenceIDs（可多选）｜来源（内部/第三方/现场）
- 影响块：ΔEV（区间）｜Mechanism（Price/Terms/Rectify）｜主去向（P/T/R）
- 镜像：ModelCell｜ClauseRef｜Day100Task｜责任人｜ETA

示例行

Hypothesis	EvidenceIDs	ΔEV（区间）	Mechanism	主去向	ModelCell	ClauseRef	Day100Task
客户集中度高于披露，续约率对NDR存在下行风险	E-103，E-221	-5% ~ -8%	Price+Terms	T	M!Assump!NDR	B-MECH-03，B-SPEC-07	设置Top20客户续约里程碑

A-CORE-02｜One-Slide（IC 决策页）

用途：IC 决策一页纸，供 Gate 决策与董事会汇报。

字段字典

- 概览：项目名｜交易结构｜估值区间｜关键时间轴（含Long-Stop）
- Top 风险：R1/R2/R3（I×P×H）与处置（P/T/R）
- 条款包：机制（Completion/LB/CP/Interim/信息权）
- 模型摘录：关键旋钮（NWC/ND/NDR/CoGS）及敏感性
- Day-100：三项 KPI｜负责人｜里程碑

示例行（Top 风险卡片）

风险	影响	处置	关键条款
锁箱期存在潜在泄漏	IRR -1.2pp	Terms	B-MECH-04（许可泄漏+利息+信息权）

A-CORE-03 | IC One-Pager 套餐（会前材料六件套）

字段字典：论点摘要｜关键发现（3 条）｜估值区间与触发｜条款建议包（3-5 条）｜时间表（里程碑/CP/LS）｜Day-100 KPI。

示例行

模块	内容（示例）
条款建议包	Completion + Escrow；许可泄漏清单；客户续约 Earn-out 联动

A-CORE-04 | 证据清单"五件套"

字段字典：EvidenceID｜描述｜VDRPath｜导出时间｜Hash｜取证人/日期｜保密级别（CT/公开/内部）｜关联模板（A-…）

示例行

EvidenceID	描述	VDRPath	Hash	关联模板
E-221	2023-2025 客户合同导出	/VDR/Contracts/Top100.xlsx	7b3…	A-CDD-04

A-CORE-05 | "三句话法" Findings Sheet

字段字典：事实（含 EvidenceIDs）｜影响（量化区间/阈值）｜处置（P/T/R）｜镜像（ModelCell/ClauseRef/Day100Task）

示例行

事实	影响	处置	镜像
Top10 客户中 3 家 12 个月内到期	NDR 下行 3-6pp	Terms	Model:NDR_Sens；Clause:B-ERN-01；Task:续约里程碑

A-CORE-06 | 评分矩阵（I×P×H）

字段字典：RiskID｜Impact(¥/pp)｜Probability(%)｜Heat(I×P×H)｜Owner｜ETA｜状态

示例行

RiskID	Impact	Probability	Heat	处置
R-07	-¥18m	60%	高	Terms（B-SPEC-02 + Escrow）

A-CORE-07｜三镜像核验卡（经营/合同/数据）

字段字典：主题｜经营镜像（访谈/盘点）｜合同镜像（条款/义务）｜数据镜像（报表/抽样）｜结论｜去向（Model/Clause/Day100）

示例行

主题	经营镜像	合同镜像	数据镜像	结论/去向
收入确认时点	实地对账与发运流程	销售条款 FOB/验收	抽样 60 单发票-出库一致	完成账户 + 专项赔偿

A-CORE-08｜变更单与版本记录

字段字典：变更 ID｜变更对象（Bridge/模型/条款）｜变更前｜变更后｜原因｜Owner｜日期｜影响评估（EV/IRR/时间表）

示例行

变更 ID	对象	前→后	影响
C-004	NWC Peg	¥85m → ¥92m	EV -¥14m；改用 Completion

A-OPSYS（作业链与闸口）

A-OPSYS-01｜Gate 节奏与退出标准

字段字典：Gate#｜必备产出（模板编号）｜退出标准｜升级条件（Re-price/Re-term/Stop）｜会议纪要索引

示例行

Gate	产出	退出标准	升级条件
G1	A-OPSYS-04/05，A-CORE-02	Top3 风险清楚且可验证	关键证据缺失>7 天

A-OPSYS-02｜重要性与 SoW 清单

字段字典：模块｜关键假设｜验证方法｜样本覆盖阈值｜Owner｜ETA

示例行

模块	关键假设	方法	覆盖
CDD-定价	折扣上限执行	合同+发票抽样	Top50 客户

A-OPSYS-03 | 抽样框架表

字段字典： Module | Hypothesis | Method | Coverage | SampleSize | Period | Owner | ETA

示例行

Module	Hypothesis	Method	SampleSize
FDD-应收	回款期变长	发票-收款串联	90 单

A-OPSYS-04 | 问询提纲

字段字典： 主题 | 问题 | 目的 | 预期证据 | 负责人 | 计划时间

示例行

主题	问题	预期证据
价格策略	折扣审批与上限	折扣政策/审批链

A-OPSYS-05 | VDR 数据室清单 V1

字段字典： 类别 | 文件名/路径 | 版本 | 保密级别 | 责任人 | 状态

示例行

类别	文件	版本	状态
合同	Top100 客户合同包	V1.2	完成

A-OPSYS-06 | 抽样测试底稿（收入/成本/现金）

字段字典： 测试主题 | 样本编号 | 证据链（合同-订单-发票-出库/收款） | 差异说明 | 结论 | 镜像

示例行

主题	样本	证据链	差异	结论
出库-发票一致性	S-044	合同#33→发票→出库	数量-2%	属容差

A-OPSYS-07｜P-T-R 处置跟踪表

字段字典：FindingID｜处置（P/T/R）｜条款/模型去向｜Owner｜ETA｜状态

示例行

FindingID	处置	去向	ETA
F-118	Terms	B-CP-12 ＋ B-ERN-01	11/15

A-OPSYS-08｜IC 决议索引

字段字典：会议日期｜议题｜决议要点｜影响（EV/条款/时间表）｜回写位置（Bridge/模型/条款包）

示例行

日期	议题	决议	回写
10/22	锁箱 vs 完成账户	采用 LB+许可泄漏	Bridge v0.6

A-OPSYS-09｜"少而硬"报告骨架

字段字典：页纲（2+3+8+2）｜图表清单｜附录索引（A-…/B-…）｜版本/发布/回写规则

示例（页纲）：执行摘要（2）｜Top 风险与处置（3）｜分模块发现（8）｜结论与计划（2）。

A-CDD（商业尽调）

A-CDD-01｜市场拆解表

字段字典：市场范围｜口径（自上/自下）｜总量｜份额（本案/竞品）｜增长率｜关键驱动｜证据来源

示例行

范围	口径	总量	本案份额	证据
工业 SaaS（国内）	自上而下	¥120bn	2.1%	行研+招股书

A-CDD-02｜赢输单样本表

字段字典：机会 ID｜行业｜规模｜结果（赢/输）｜原因（价格/功能/交付/关系）｜证据

示例行

机会 ID	结果	原因	证据
OPP-072	输	交付周期	CRM 导出

A-CDD-03｜NDR/Churn Cohort 表

字段字典：Cohort（月）｜活跃客户数｜扩张/收缩｜NDR｜Logo Churn｜备注

示例行

Cohort	NDR	Logo Churn
2024-01	108%	3.2%

A-CDD-04｜合同一致性清单

字段字典：客户｜合同版本｜关键条款（价税/折扣/验收/CoC）｜订单/发票匹配｜偏差｜处理建议

示例行

客户	合同版	匹配结论	偏差
A 公司	2024v3	通过	无

A-FDD（财务尽调）

A-FDD-04｜资本化抽样清单

字段字典： 样本 ID｜会计科目｜金额｜资本化依据｜证据｜调整建议

示例行

样本 ID	科目	金额	建议
CAP-015	开发支出	¥2.6m	回拨为 Opex 40%

A-FDD-05｜减值测试复核表

字段字典： 资产组｜减值迹象｜测试方法｜关键假设｜结论｜影响（EBITDA/EV）

示例行

资产组	迹象	结论
商誉-G1	增长放缓	计提 8%

A-FDD-07｜ND 计算表

字段字典： 现金类｜债务类｜或有事项｜表外项目｜调整项｜ND 合计｜定义差异说明

示例行

现金	债务	类债务	ND
35.0	72.5	6.3	43.8

A-FDD-08｜Debt-like 底稿

字段字典： 事项｜金额｜依据（合同/函证）｜是否纳入 ND｜配套条款（Escrow/专项赔偿）

示例行

事项	金额	依据	配套
关联方担保	¥9.2m	担保合同	Escrow + SI

A-FDD-09｜CCC 分析模板

字段字典：DSO｜DPO｜DIO｜现金转换周期｜改进抓手｜时间表

示例行

DSO	DPO	DIO	CCC
78	45	41	74 天

A-FDD-10｜回款与账期整改包

字段字典：问题陈述｜整改措施｜责任人｜KPI（回款率/账龄）｜里程碑｜依赖条款

示例行

问题	措施	KPI	依赖
超期>90 天 12%	设信用锁定+催收专班	超期<6%	B-MECH-03

A-LDD（法务/监管尽调）

A-LDD-02｜重大合同限制表

字段字典：合同名｜限制类型（同意/重签/MFN/竞业）｜影响｜建议处置（CP/专项赔偿/退出）

示例行

合同	限制	影响	处置
供货框架#21	同意权	续约不确定	B-CP-12

A-LDD-03｜许可核验表

字段字典：许可名称｜编号｜范围｜有效期｜核验网址/截图｜差距与建议

示例行

许可	编号	有效期	差距
医疗器械经营	XJ-2023-88	2026-12-31	经营范围待扩展

A-LDD-04 | 争议台账模板

字段字典： 案件号 | 标的额 | 阶段 | 律师意见 | 保险覆盖 | 败诉概率（区间）| 建议条款

示例行

案件	标的	概率	条款
劳务纠纷#A7	¥1.1m	30 - 50%	B-SPEC-L1

A-LDD-09 | EHS 抽样清单

字段字典： 场地/产线 | 检查项 | 缺陷等级 | 整改要求 | 截止日期 | 复验

示例行

场地	缺陷	等级	截止
厂区东线	废水超标	高	11/30

A-LDD-10 | 不动产与租约核对表

字段字典： 资产/房产证号 | 权属/抵押 | 租约关键条款（转让/解约）| 登记一致性 | 建议

示例行

资产	权属	租约条款	建议
厂房一号	自有/抵押	转让需同意	CP + SI

A-MECH（交易机制与流程）

A-MECH-01 | Completion 套件清单

字段字典： NWC 定义与 Peg | ND 定义与 True-up | 完成账户流程（准备/异议/专家）| 争议解决路径

示例行

模块	关键点
NWC	排除一次性/季节性调整；计算口径与模型一致

A-MECH-02 | Locked-Box 套件清单

字段字典：基准日报表 | 许可泄漏清单 | 泄漏利息 | 信息权 | Interim 限制

示例行

项目	内容
许可泄漏	常规工资/市场化薪酬/日常经营开支

A-MECH-03 | 监管 CP 套件

字段字典：审批事项 | 路径与时限 | 申报材料清单 | 并行方案 | Long-Stop 日期

示例行

事项	路径	LS
反垄断简易	简易程序	2026-01-31

A-MECH-04 | Escrow 参数表

字段字典：金额 | 释放触发 | 分层释放 | 利息归属 | 冻结条件 | 关联条款（SI/R&W/CA）

示例行

金额	触发	分层
8% 价款	SI 风险解除/期满	50%/30%/20%

A-MECH-12 | CP 关键路径

字段字典： CP 项 | 通过标准 | 责任人 | 替代路径 | 关键里程碑 | 风险与缓解

示例行

CP 项	通过标准	里程碑
客户重签	完成 Top20 重签	12/15 完成 80%

A-MECH-13 | Interim 基线

字段字典： 禁止/限制事项（分配/关联交易/非常规 Capex） | 例外审批 | 监控阈值 | 通知义务

示例行

限制项	阈值	通知
单笔 Capex	>¥2m	T+3 日内

A-MECH-14 | 争议分流与时间线（Expert/仲裁/法院）

字段字典： 争议类型（会计/法律） | 分流规则 | 专家流程时序 | 仲裁/法院条款关键点

示例行

争议	分流	时序
完成账户异议	Expert	提交→答复→裁决（30/30/15 天）

A-MECH-15 | Escrow Release 瀑布

字段字典： 释放节点（时间/事件） | 优先顺序 | 在途争议冻结规则 | 通知与证明材料

示例行

节点	释放比例	备注
交割+6 月	50%	无未决索赔

A-D1 / DOA / IT / CT / IMO / 100（交割与并后）

A-D1-01｜Day-1 Runbook 模板

字段字典： 人/系统/流程/场地切换｜变更冻结窗口｜验证与见证材料｜应急联系人｜RTO/RPO

示例行

模块	任务	验证
IT 账户切换	批量开户/禁用	审计日志

A-DOA-01｜授权矩阵（RACI/DOA）

字段字典： 岗位｜权限项｜额度｜审批层级｜替代授权｜生效/失效

示例行

岗位	权限	额度
采购经理	采购审批	≤¥500k

A-IT-01｜访问清单与应急预案

字段字典： 系统｜账号类型｜开通/回收计划｜备份与恢复（RTO/RPO）｜演练记录

示例行

系统	账号	RTO/RPO
ERP	SSO/本地	4h / 15min

A-CT-01 | Clean Team 包

字段字典：脱敏范围｜允许用途｜访问控制｜审计追踪｜违约救济

示例行

脱敏项	用途	控制
客户名单	市场分析	只读/水印

A-IMO-01 | IMO 治理包

字段字典：组织/角色｜例会节奏｜路线图｜问题升级路径｜里程碑/KPI

示例行

角色	频率	KPI
流程组负责人	周会	里程碑完成率

A-100-01 | 100 天抓手库与里程碑表

字段字典：抓手（回款/账期/库存/采购）｜KPI｜Owner｜资源｜里程碑｜依赖条款（信息权/里程碑/托管）

示例行

抓手	KPI	里程碑	依赖
回款提升	月回款率≥95%	M1/M2/M3 逐步达标	B-MECH-03/B-POST-02

附录 B | 条款库（Clause Bank）

目录

结构：每条款 = **适用场景 | 必备要素 | 常见变体 | 触发与阈值 | 时间线与依赖 | 风险提示** → **范例文本（示范）**。

B-MECH（价款机制/运营挂钩）

B-MECH-01 | Completion/LB 选择相关机制

- **适用场景**：财务数据波动/季节性强或锁箱基础弱；或反之数据稳定适合 LB。
- **必备要素**：NWC/ND 定义一致 | True-up 流程 | 基准日异常交易界定 | 信息权。
- **常见变体**：CA 全口径/部分科目；LB + 许可泄漏清单；LB+高强度赔偿组合。
- **触发与阈值**：季节性>±10%；基准日报表差错>阈值；ND 重要未披露。
- **时间线与依赖**：CA 准备/异议/专家裁决（30/30/15 天示例）；LB 信息权频次。
- **风险提示**：定义不一致导致双重计算；异常交易边界模糊。

105

范例文本（示范）

1. 价款确定机制：双方同意采用【□ 完成账户 / ☑ 锁箱】作为价款机制；若交割日前【[●]】日未就细则达成一致，以本条为准。

2. 定义一致性：NWC、ND 之定义以附件《财务定义与计算口径》为准，与估值模型口径一致。

3. IRR 敏感性：IRR 影响超过【±[●]pp】时，任一方可提议在 CA/LB 间切换并相应调整信息权与泄漏条款。

4. 信息提供：卖方按【月/季】提供管理报表与凭证底稿，接受合理查阅。

5. 争议分流：涉及会计口径的先走 Expert（见 B-MECH-14），其余按争议条款处理。

B-MECH-02 | Completion/LB 细化条款

- **适用场景**：ND/Leakage 风险较高；对 IRR 敏感。
- **必备要素**：ND 口径穿透（类债务清单）｜许可泄漏清单｜泄漏利息｜Interim 限制。
- **常见变体**：ND ± Collar；Leakage Basket；信息权"月报/季报"。
- **触发与阈值**：ND 偏差>5%；疑似关联交易；非常规分配。
- **时间线与依赖**：与 B-INTERIM-01、B-ESC-01 联动；异议/举证期约定。
- **风险提示**：许可泄漏定义过宽/过窄；ND 重复计列。

范例文本（示范）

A. 完成账户（Completion Accounts）

1. NWC 目标与 True-up：NWC Peg =【[●]】；交割后
【[●]】日内卖方提交完成账户，买方【[●]】日内异议；不足 Peg 下调/超出上调。

2. ND 调整：交割日 ND 以《ND 清单》为准；发现未披露类债务，买方可抵扣或卖方现金补足。

3. 专家裁决：提交【会计师机构】最终裁决，费用按裁决承担。

B. 锁箱（Locked-Box）

4. 基准日：以【基准日＝[●]】报表为基础。

5. 泄漏与利息：许可泄漏如【工资/常规福利/市场化租金】；非许可泄漏按年利率【[●]%】计"泄漏利息"，【[●]】日内补偿。

6. 信息权与限制：遵守 B-INTERIM-01；买方至少享有【月度】报表信息权。

B-MECH-03｜回款里程碑/折扣上限联动

- **适用场景**：回款/账期/折扣执行需要刚性联动。
- **必备要素**：KPI 指标（回款率、超期占比、折扣上限）｜核验方法｜奖惩/价款调整。
- **常见变体**：与 Earn-out 绑定；与 Escrow 释放联动；信息权+审计权。
- **触发与阈值**：回款率<目标-5pp；超期>8%。
- **时间线与依赖**：月度/季度核验；与 A-100-01 里程碑同步。
- **风险提示**：指标可被"刷量/挪期"，需设审计权与穿透抽样。

范例文本（示范）

1. 指标与核验：交割后【12】个月内（i）月度回款率 ≥【[●]%】；（ii）超期>90 天 ≤【[●]%】；（iii）平均折扣率 ≤【[●]%】；按【月度】抽样核验。

2. 价款调整：未达标可自尾款/对赌款按【1:1】扣减，或延后至达标月份支付，或冻结/延后托管释放。

3. 信息/审计权：卖方提供系统访问与访谈配合；拒不配合视作未达标。

4. 反规避：禁止以"以新换旧、提前确认、延后开票"等方式规避；查实则按未达标处理并可另行索赔。

B-MECH-04｜锁箱/泄漏相关机制

- **适用场景**：采用 LB；需防非常规价值转移。
- **必备要素**：许可泄漏清单｜泄漏利息｜经营限制｜信息权。
- **常见变体**：许可项列举/排除；利息固定/浮动；通知期要求。
- **触发与阈值**：发现非许可泄漏；审计发现。
- **时间线与依赖**：通知→纠正/补偿→如争议则 Expert/仲裁（见 B-MECH-14）。
- **风险提示**：许可项描述不清；激励与许可泄漏边界。

范例文本（示范）

1. 泄漏定义：自【基准日】至交割日，除《许可泄漏清单》外任何向卖方/关联方价值转移（股利、非常规奖金、非公允交易、费用承担、债务免除等）均为"泄漏"。

2. 补偿与利息：卖方在通知后【10】日内以现金补偿等额并自基准日按【[●]%/年】计息。

108

3. 通知与纠正：卖方应于知悉后【3】日内书面通知并提出纠正方案；逾期买方可冻结等额托管金或直接抵扣。

4. 审计与取证：买方享有凭证/账册查核与第三方审计权。

B-MECH-05 | 业绩里程碑（非 Earn-out）分期支付

- **适用场景**：审批/产能不确定；分期/条件性支付。
- **必备要素**：里程碑定义与核验标准 | 与价款/释放联动规则。
- **常见变体**：CP 完成比率触发；产线投产达标触发。
- **触发与阈值**：关键里程碑未达；延迟>约定天数。
- **时间线与依赖**：与 B-CP-03/12、A-MECH-12 同步。
- **风险提示**：定义含糊造成争议，建议附核验清单。

范例文本（示范）

1. 分期结构：T1【交割日支付[●]%】；T2【审批/产线达成】支付【[●]%】；T3【客户重签达成】支付【[●]%】。

2. 核验标准：审批=取得【审批名称】正式批复；产线=产能【[●]单位/月】并经第三方验收；重签=Top【20】客户中 ≥【80%】完成重签/续约。

3. 失败救济：任一里程碑在【交割后[●]个月】未达成，买方可取消对应分期、以 Escrow 抵充或指定替代里程碑。

B-MECH-06 | LB + 专项赔偿/托管组合

- **适用场景**：ND/Leakage 风险高且需 LB 的交易。
- **必备要素**：LB 条款 + SI/Escrow 配套；优先顺位。
- **常见变体**：Escrow 比例分层释放；SI 追溯期。
- **触发与阈值**：发现类债务/泄漏即触发索赔或冻结释放。

- **时间线与依赖**：与 B-ESC-01、B-SPEC-02 协同。
- **风险提示**：救济冲突与重复赔付。

范例文本（示范）

1. 组合机制：对【类债务/泄漏高风险】事项设专项赔偿（B-SPEC-02）并配托管（B-ESC-01）；优先顺位=专项赔偿→托管金→其他救济。

2. 冻结与释放：出现疑似事项时可冻结等额托管金；经专家/仲裁确认非卖方责任后释放。

3. 不影响其他权利：不影响买方依据 R&W 或法定权利的救济。

B-MECH-14｜争议分流与时间线（Expert/仲裁/法院）

- **适用场景**：价款机制/会计口径/ND/NWC 等争议的处理。

- **必备要素**：分流规则（会计类→专家；法律/解释类→仲裁/法院）｜专家任命与权限｜时序与证据交换｜费用承担｜与托管/支付的协调。

- **常见变体**：专家裁决是否最终/可上诉；费用按败诉/比例分担。

- **触发与阈值**：在异议期内未能协商解决的会计/口径争议。

- **时间线与依赖**：提交→答复→专家任命→材料交换→书面裁决（例如 30/30/15 天）。

- **风险提示**：范围界定不清导致分流错误；争议期间价款是否暂缓支付。

范例文本（示范）

1. **分流规则。** 会计/量化计算引发之争议提交【指定专家机构】最终裁决；法律/解释性争议依本协议争议解决条款提交【仲裁机构/法院】。

2. **程序与时序。** 争议方在【30】日内提交立场说明及证据，对方【30】日内答复；专家在收到完整材料后【15】日内作出书面裁决。

3. **费用与效力。** 专家费用由败诉方承担或按裁决分担；专家对会计事项的裁决为双方最终具有约束力。

4. **支付与托管。** 不影响无争议部分的价款支付；争议部分自【托管】中冻结至裁决生效。

B-R&W（陈述与保证）

B-R&W-01｜收入/毛利质量

- **适用场景：** QoE 穿透后需保障质量。
- **必备要素：** 收入确认规则准确性｜重大政策变更披露｜毛利构成透明。
- **常见变体：** "无提前确认/回溯调整"保证；"无重大一次性"。
- **触发与阈值：** 抽样差异>阈值；政策变更未披露。
- **时间线与依赖：** 与 CA/Expert、B-SPEC-01 协同。
- **风险提示：** "重大性"口径不一，建议量化门槛。

范例文本（示范）

1. 卖方保证收入确认政策与会计准则一致，且不存在提前确认、循环开票或导致收入/毛利不当的行为。

2. 如因陈述不实致买方损失，卖方在收到通知【10】日内等额赔偿，并承担相关税费及合理审计费用。

B-R&W-03 | 资本化/减值/无未披露负债

- **适用场景**：资本化口径差异、减值迹象、多表外承诺。
- **必备要素**：会计政策一致性 | 减值依据披露 | 或有/表外清单。
- **常见变体**："除清单外无"式；"变更须书面通知"。
- **触发与阈值**：复核差异>阈值；新增或有事项。
- **时间线与依赖**：配套 B-SPEC-02、A-FDD-04/05/08。
- **风险提示**：政策"口径卡"缺失导致争议。

范例文本（示范）

1. 卖方保证资本化确认符合准则，无以资本化规避费用化之情形；减值测试依据充分并据实披露。

2. 截至【基准日】不存在未披露的或有/表外负债、担保或保函；如有，详列于《或有事项清单》。

B-R&W-04 | 类债务/ND 口径一致性

- **适用场景**：ND 争议与类债务穿透。
- **必备要素**：类债务定义 | 清单 | 是否纳入 True-up。
- **常见变体**："清单+兜底表述"；阈值型触发。
- **触发与阈值**：发现未披露类债务；ND 偏差>5%。
- **时间线与依赖**：与 B-MECH-01/02、A-FDD-07/08 协同。
- **风险提示**：定义不清导致双重计算。

范例文本（示范）

1. 卖方保证《ND 清单》完整列示所有应纳 ND 的项目（含雇员激励负债、递延收款安排、票据贴现等）。

2. 交割后如发现遗漏类债务，卖方等额返还对价并承担相应利息/费用；【可约定是否受 Cap 约束】。

B-R&W-L1 | 雇佣/合规基线

- **适用场景**：劳动用工、合规连续性。
- **必备要素**：关键证照/社保缴纳/重大争议披露。
- **常见变体**：按行业附加（医药/金融）。
- **触发与阈值**：群体性纠纷；证照缺失/到期。
- **时间线与依赖**：与 B-SPEC-L1、B-CP-03 联动。
- **风险提示**：地域/行业差异。

范例文本（示范）

1. 卖方保证已依法缴纳社保/公积金，关键许可证照有效，无重大劳动争议在审或已决未执行事项。

2. 发生群体性争议或关键证照缺失/到期，视为重大违约，买方可依 B-SPEC-L1 或 B-CP-03 求偿/中止交易。

B-R&W-EHS | EHS/不动产覆盖

- **适用场景**：环境/安全/地产合规。
- **必备要素**：合规状态｜缺陷披露｜整改承诺/保证金。
- **常见变体**：附场地清单与等级。
- **触发与阈值**：重大事故/停产风险。
- **时间线与依赖**：B-SPEC-EHS、B-CP-03。
- **风险提示**：历史遗留界面。

范例文本（示范）

1. 卖方保证遵守环保/OHS 规范，不动产权属清晰，无查封/抵押之外限制；详见《场地清单》。

2. 复检不达标或重大事故风险，卖方依 B-SPEC-EHS 承担修复与损害赔偿。

B-SPEC（专项赔偿）

B-SPEC-01 | QoE/一次性穿透相关

- **适用场景**：经常性 EBITDA 被一次性项目扭曲。
- **必备要素**：追溯期 | 范围界定 | 赔偿方式（价款/现金/抵充）。
- **常见变体**：Cap 与免赔额设置；与 Escrow 绑定。
- **触发与阈值**：差异>阈值；审计发现。
- **时间线与依赖**：与 CA/Expert、B-ESC-01 协同。
- **风险提示**：追溯边界与证据链薄弱。

范例文本（示范）

1. 范围与追溯期：对【[追溯期]】内一次性项目导致的经常性 EBITDA 高估差额，卖方按【1:1】赔偿。

2. 计算与证据：以第三方 QoE 及双方确认的调整表为准；违约方承担相关费用。

B-SPEC-02 | ND/或有/表外事项

- **适用场景**：表外承诺/或有负债。
- **必备要素**：事项清单 | 触发事件 | 赔偿期间/方式。
- **常见变体**："清单+兜底"/"仅清单"。
- **触发与阈值**：触发事件发生；金额>免赔额。
- **时间线与依赖**：Escrow 冻结与释放。
- **风险提示**：重复救济与限额冲突。

范例文本（示范）

1. 事项清单：对《或有与表外事项清单》所列事项，如在【[观察期]】内触发，卖方在通知后【10】日内现金赔偿。

2. 托管配套：优先以 B-ESC-01 托管金抵充，不足部分由卖方补足。

B-SPEC-07 | 历史定价/返点专项

- **适用场景**：历史定价/返点对 NDR 影响不确定。
- **必备要素**：历史期界定｜合规性｜补偿/调整机制。
- **常见变体**：按客户/区域分层专项。
- **触发与阈值**：抽样异常比例>阈值。
- **时间线与依赖**：与 B-MECH-03 联动。
- **风险提示**：票据与合规风险。

范例文本（示范）

1. 抽样发现 Top【[●]】客户异常比例超过【[●]%】即触发赔偿。

2. 赔偿按异常交易影响额【×[●]倍】计算，或按双方另行公式执行。

B-SPEC-L1 | 雇佣争议/群体性风险

- **适用场景**：集中劳动争议。
- **必备要素**：覆盖范围｜赔偿上限｜共担比例。
- **常见变体**：时间窗型/事件型。
- **触发与阈值**：集体诉求/监管介入。
- **时间线与依赖**：与 B-POST-02 协同。
- **风险提示**：舆情/经营中断。

范例文本（示范）

1. 对交割日前已发生或因历史因素引发的群体性劳动争议，设最高不超过【¥[●]】之专项赔偿限额；超出部分按 B-CAPS-01 处理。

2. 相关费用可优先自托管金中扣减。

B-SPEC-EHS | EHS/不动产缺陷专项

- **适用场景**：场地修复/合规整改成本不确定。
- **必备要素**：缺陷清单与等级 | 修复标准 | 资金保障（Escrow/保证金）。
- **常见变体**：分阶段释放。
- **触发与阈值**：复检不达标。
- **时间线与依赖**：B-CP-03 同步。
- **风险提示**：历史污染追溯。

范例文本（示范）

1. 对《EHS 缺陷清单》所列【高/中】等级缺陷，卖方应于【[●]】日前完成整改；逾期按【每逾期日[●]%】计违约金，并承担修复成本与停产损失。

2. 历史污染第三方索赔由卖方全额/按约定比例赔偿。

B-ERN / B-ESC（业绩对赌 / 托管）

B-ERN-01 | Earn-out（对赌）

- **适用场景**：未来经营结果不确定但可操作性绑定。
- **必备要素**：指标定义（收入/毛利/NDR/续约）| 核验与审计权 | 防"刷量"条款 | 支付/抵扣路径。
- **常见变体**：分层奖励/惩罚；与客户重签/审批挂钩。
- **触发与阈值**：指标达成/未达阈值。
- **时间线与依赖**：核验周期（月/季/年）；与 B-INTERIM-01、B-POST-02 联动。
- **风险提示**：口径漂移；道德风险。

范例文本（示范）

1. 指标与口径：交割后【[●]】个会计年度，以【收入/毛利/NDR/续约率】为对赌指标，口径见《对赌计算口径》；会计政策变更需可比性调整。

2. 计算与支付：期末【90】日内卖方提交计算表，买方【30】日内复核；达阈值【15】日内支付对赌款；未达则不/按比例支付。

3. 审计与反规避：买方享审计权；不得通过提前确认/延后费用影响指标；查实则视为未达并可追加索赔。

B-ESC-01 | Escrow / Holdback

- **适用场景**：SI/R&W/CA 风险保障。
- **必备要素**：金额比例 | 释放瀑布 | 利息归属 | 冻结条款 | 通知与凭证。
- **常见变体**：分期释放；与里程碑/审计结果联动。
- **触发与阈值**：提出索赔/触发事件。
- **时间线与依赖**：见 A-MECH-15；与 B-SPEC/B-R&W 协同。
- **风险提示**：重复救济；释放条件模糊。

范例文本（示范）

1. 金额与账户：交割日将价款之【[●]%】（计【¥[●]】）存入【受托银行】托管账户，保障 R&W/SI/CA。

2. 释放瀑布：在不影响在途索赔前提下，按"交割+6 月 50% / +12 月 30% / +18 月 20%"释放；节点前【30】日内出现合格索赔，对应金额冻结直至解决。

3. 利息归属：托管利息按【双方比例/买方】归属，用于抵充索赔或随释放支付。

B-CP / B-INTERIM / B-POST（交割条件/过渡期/交割后）

B-CP-03 | 审批/许可 CP

- **适用场景**：监管审批/行业准入不确定。

- **必备要素**：审批清单｜路径与时限｜替代方案｜Long-Stop。
- **常见变体**：简易/一般程序；分期交割前置条件。
- **触发与阈值**：关键批文未获/延迟>阈值。
- **时间线与依赖**：与 A-MECH-12、B-MECH-05 联动。
- **风险提示**：时间不确定导致融资/估值风险。

范例文本（示范）

1. 前置条件：以取得【审批/备案/许可清单】为 CP，卖方于【[●]】日前完成并提交证明。

2. Long-Stop：若至【[●]】未全部达成，买方可延期、重谈或解除并要求返还已付款项及利息。

B-CP-09｜资本开支/运营政策 CP

- **适用场景**：交割前控制 Capex/运营政策变动。
- **必备要素**：阈值/审批流程｜监控方法。
- **常见变体**：白名单/黑名单；分级阈值。
- **触发与阈值**：超额/未经批准变更。
- **时间线与依赖**：与 B-INTERIM-01 协同。
- **风险提示**：过度限制影响经营连续性。

范例文本（示范）

1. 自签约日至交割日，除白名单外，单笔或累计 Capex 超过【¥[●]】须经买方书面同意；偏离既定运营政策之重大变更须提前【[●]】日书面告知并获批准。

2. 违反构成实质性违约，买方可拒绝交割或要求调整价款。

B-CP-12｜同意/重签 CP（含长期协议）

- **适用场景**：关键合同 CoC/转让/更新限制。

- **必备要素**：对象清单 | 完成标准 | 失败救济（替代/退让/终止）。
- **常见变体**：Topx 客户/供应商优先；比例完成触发分期。
- **触发与阈值**：未完成比率>阈值。
- **时间线与依赖**：与 A-MECH-12、B-ERN-01 协同。
- **风险提示**：谈判不确定；信息泄露。

范例文本（示范）

1. 卖方促成《关键合同清单》中 Top【[●]】对象于交割前完成【≥[●]%】同意/重签；未达时，买方可延期交割、将价款比例转入托管或解除协议。

2. 对禁止转让条款，卖方应取得书面豁免或等效替代安排。

B-INTERIM-01 | 过渡期经营限制

- **适用场景**：LB/Completion 下过渡期控制。
- **必备要素**：禁止/限制清单 | 例外审批 | 信息权（报表/通知）。
- **常见变体**：金额阈值分级；白名单授权。
- **触发与阈值**：超额/非常规交易；重大异常指标。
- **时间线与依赖**：与 B-MECH-02/04、B-ESC-01 联动。
- **风险提示**：过严影响经营；过松导致价值流失。

范例文本（示范）

1. 自基准日至交割日，目标公司不得：（i）非常规分配/关联资金融通；（ii）新增超过【¥[●]】之债务；（iii）超常规重大交易；（iv）调整关键会计政策；除非经书面同意或属许可事项。

2. 卖方按【月度】提供报表；重大异常指标【3】日内书面通知。

B-POST-02 | 交割后整改/KPI 与信息权

- **适用场景**：Day-100 抓手/KPI 刚性推进。
- **必备要素**：KPI 清单｜监测与核验｜奖惩/调整｜审计/信息权。
- **常见变体**：与里程碑/托管/对赌联动。
- **触发与阈值**：未达目标；异常波动。
- **时间线与依赖**：与 A-100-01、B-ERN-01、B-ESC-01 协同。
- **风险提示**：指标可被操纵；需设穿透抽样。

范例文本（示范）

1. 按《100 天计划》完成【回款/账期/库存/采购】整改抓手，按月汇报；未达标触发 B-MECH-03 或对应价款调整/托管冻结。

2. 买方享查验与抽样权；拒不配合视为未达成。

B-CAPS（限额架构）

B-CAPS-01 | Cap / Basket / De-minimis / 存续期

- **适用场景**：R&W/SI 的总体限额与门槛设计。
- **必备要素**：Cap（%/绝对额）｜Basket（Tipping/Deductible）｜单笔/累计门槛｜存续期（一般/税务/基本陈述）。
- **常见变体**：分层 Cap；不同条款不同存续期；W&I 作为补充。
- **触发与阈值**：累计达 Basket；单笔超过 De-minimis。

- **时间线与依赖**：与 B-ESC-01、B-SPEC/B-R&W 的优先顺位。

- **风险提示**：限额叠加与相互作用，需示例计算。

范例文本（示范）

1. 总体限额（Cap）：一般 R&W 赔偿上限为总对价【[●]%】；基本陈述（权属/授权/税务）上限为【[●]%/无限】。

2. 门槛：单笔索赔未达【De-minimis = ¥[●]】不予受理；滚动期间累计未超过【Basket = ¥[●]】（【□ Deductible / □ Tipping】）不构成赔偿义务。

3. 存续期：一般 R&W 存续期交割后【[●]】个月；税务/基本陈述为【[●]】个月或法定时效。

4. 配套：上述限额不适用于欺诈；与 B-ESC-01、B-SPEC 的适用以优先顺位条款为准。

www.ingramcontent.com/pod-product-compliance
Lightning Source LLC
Chambersburg PA
CBHW071423210326
41597CB00020B/3623